镜子的寓意

——网络社会与教育变革

谢维和 著

The Fable of the Mirrors

Network Society
and Educational Reform

教育科学出版社
·北京·

致　谢

谢子琤女士、米海鹏先生以及米竹轩同学对本书的写作，特别是有关信息技术与网络语言等方面的内容，给予我很多非常重要和专业性的帮助，特此鸣谢！

目　录

镜子、网络与教育

（代序）

在古往今来的寓言与传说中，镜子常常是一个主角。例如，在《伊索寓言》"孩子与镜子"一文中，孩子的父亲对漂亮的儿子和丑陋的女儿说道："我要求你们每天都要照镜子——对于你，我的儿子，镜子会让你牢记：别让顽劣的言行举止，糟蹋了你与生俱来的美貌。而对于你，我的女儿，镜子会让你牢记：应该用良好的人格和品性，来弥补外貌的不足。"① 中国汉代刘歆著《西京杂记》卷三"咸阳宫异物"中曾经记录了一件这样的宝物："有方镜，广四尺，高五尺九寸，表里有明，人直来照之，影则倒见。以手扪心而来，则见肠胃五脏，历然无碍。人有疾病在内，则掩心而照之，则知病之所在。又女子有邪心，则胆张心动。秦始皇常以照宫人，胆张心动者则杀之。"② 东晋的葛洪在《抱朴子》中写道，要进山修行，需要带镜子以防鬼魅山魈一类，许多精怪可变做人形，但一经镜子便无所遁形。③ 而唐代《开元天宝遗事》

---

① 伊索.伊索寓言 [M].马嘉恺，译.昆明：云南人民出版社，2015：320.
② 刘歆.西京杂记 [M].北京：中国书店，2019：34.
③ 葛洪.抱朴子 [M].上海：上海古籍出版社，1990：128.

镜子的寓意
——网络社会与教育变革

中"照病镜"的记载是："叶法善有一铁镜，鉴物如水，人每有疾病，以镜照之，尽见脏腑中所滞之物，后以药疗之，竟至痊瘥。"[①] 上海著名娱乐场所大世界中 12 面不同造型的"哈哈镜"，则总是让人们面对自己在镜子中各种不同的形象而忍俊不禁，捧腹大笑。尽管人们可以赋予镜子各种虚构的情节和神奇的功能，但有一点是共同的，那就是镜子可以帮助人们看到自己，认识自己，了解自己，包括自己的外部形象和内在性状，由此来辨认自己，规范自己的行为，医治自己的毛病等。而且，多面镜子能够塑造不同的形象，镜子的变化亦可引起形象的变化，等等。其实，社会就是这样一面镜子，为人们提供自我的各种映像。所谓"夫仁者，己欲立而立人，己欲达而达人"，则说明人正是在社会的人际交往中认识自己、实现自我认同的。教育则是通过社会这面镜子引导和帮助人们认识和完善自己。而社会的发展亦如同镜子的变化，给人们带来各种新的映像，也不断给教育带来挑战和机会。这就是镜子的寓意，是各种有关镜子的寓言和传说给予教育的有益"教训"和藏在外套下的"真理"。[②]

这些镜子的寓意是有道理的。它们在一定程度上非常形象地反映了个人成长中自我认同的机制与教育背景及环境的变化，尤其是网络社会中教育变革面临的挑战和任务。社会就是人们认识自己的一面镜子。每个人都是社会的人，都只能而且必须在所处的社会中去认识和了解自己，并且通过社会这面镜子真正发现自己的本性，或者说形成自我认同。网络社会作为现代社会的重要形态，也是一面"镜子"，是一面"哈哈镜"，而且是一面包含了无数镜面的多棱镜，是一面现实与虚拟不断迭代的魔镜。这种"镜子"的变化从一定的角度非常形象地说明了社会的发展，网络社会的多样化和复杂性程度越来越高，以至于人们在网络社会这面大镜子中看到了自己越来越多的各种

① 王仁裕，等. 开元天宝遗事（外七种）[M]. 上海：上海古籍出版社，2012：12.
② 法国寓言诗人拉封丹说："一个寓言可以分为身体和灵魂两部分，所述的故事好比是身体，所给予人们的教训好比是灵魂。"俄国学者陀罗雪维支认为："寓言是穿着外套的真理。"

各样的形象，有了更加多元化的发展取向和自我选择，以及更多的对象化自身的机会和方式，由此也产生了越来越大的困惑，不知道镜子中哪个形象是真正的自我，或者在诸多的镜像中找不到自我的同一性。这就是现代教育的社会背景，特别是教育变革面临的新的挑战。

所谓的网络社会，即信息时代的社会形态，是在以互联网（internet）为核心的信息技术的作用下，人类社会发展的一个新阶段或者一种新形态。对此，美国学者曼纽尔·卡斯特非常明确地指出，"作为一种历史趋势，信息时代的支配性功能与过程日益以网络组织起来。网络建构了我们社会的新社会形态，而网络化逻辑的扩散实质地改变了生产、经验、权力与文化过程中的操作和结果。虽然社会组织的网络形式已经存在于其他时空中，新信息技术范式却为其渗透扩张遍及整个社会结构提供了物质基础。……在网络中现身或缺席，以及某个网络相对于其他网络的动态关系，都是我们社会中支配与变迁的关键根源：因此，我们可以称这个社会为网络社会（the network society）"[1]。而且，他还将网络界定为"一组相互连接的节点。节点是曲线与己身相交之处"[2]。他进一步说道："由于网络是多重的，在网络之间操作的符码和开关机制，就变成塑造、指引与误导社会的基本来源。社会演变与信息技术的汇集，创造了整个社会结构活动展现的新物质基础。在网络中建造的这个物质基础标示了支配性的社会过程，因而塑造了社会结构本身。"[3] 显然，这是一个与以往不同的社会形态。

如果说从工业社会到网络社会的发展与以往的社会发展有什么不同，那么人们生存环境的变化就是其中十分重要的一个方面。网络社会中信息技术对教育的影响，包括挑战和机遇，并不仅仅只有某些工具和技术的变革，更

---

[1] 卡斯特. 网络社会的崛起 [M]. 夏铸九，王志弘，等译. 北京：社会科学文献出版社，2001：569.

[2] 同[1]：570.

[3] 同[1]：571.

镜子的寓意
——网络社会与教育变革

重要的是社会环境的变化。信息技术发展对教育最根本的意义之一，就在于它改变了儿童和青少年成长发展的环境，甚至是改变了人们的生存环境。以往科技的进步也改变了人们的生存环境，但那种变化更多的是一种物理空间的变化与扩展。网络社会中信息技术所带来的新的环境变化则是一种从未有过的虚拟环境的形成。它极大地拓展了人们成长和生存的思维空间，进而使教育和人的成长过程出现了新的变量。这种环境的变化对教育的影响是非常重要的。因为，人们对自己的认识常常在很大程度上取决于生存的环境，环境的属性和特点时时影响和制约着人们认识自己的途径和方式，即自我认同的机制与途径。从客观上说，这样的生存环境就是一面镜子，人们就是在这面镜子中发现自己、知道自己是谁的。对此，杜威在讨论教育的方法是什么时，就非常明确地指出："一般地说，问题的回答就是：依靠环境的作用，引起某些反应。"① 这种教育环境是非常重要的，因为，"成人有意识地控制未成年人所受教育的唯一方法，是控制他们的环境。他们在这个环境中行动，因而也在这个环境中思考和感觉。我们从来不是直接地进行教育，而是间接地通过环境进行教育"②。所以，按照杜威的观点，教育的重要责任就是力求打造一面明亮光洁的镜子，引导人们从中去认识自己，实现自我认同。这恰恰就是网络社会中教育变革的重要任务。所以，讲清楚网络社会这种新的生存环境与教育的关系，包括对教育发展的影响和挑战，特别是为人们自我认同的实现所提供的新机遇，可能存在的风险，以及目前出现的危机和困难，正是网络社会中教育研究的重要责任。

网络社会这面镜子中的内容是非常丰富的。人们也许会看到，互联网与物联网的发展，各种学习软件的问世和人工智能的发展，以及许多我们难以预期的新技术和方法的产生，都将为教育的改革与发展提供新的资源和支持，

---

① 杜威.民主主义与教育：教育哲学导论[M]// 吕达，刘立德，邹海燕.杜威教育文集：第2卷.北京：人民教育出版社，2008：15.

② 同①：23.

使得年轻人的发展具有了更好的条件，也有了更加便利的工具和途径。人们或者会说，在网络社会这面镜子中，人们可以通过各种新媒体和数据库，以及越来越科学和方便的搜索引擎，非常轻易地获得海量的系统化知识，包括各种陈述性知识和程序性知识，特别是通过各种各样的软件，将人们从平日里那些重复性的记忆、抄写等简单的认知活动中解放出来，极大地减轻了人们那些常规性认知活动的负担，进而为人们创造性的思考提供更大的自由。人们一定会觉得，网络社会中互联网和物联网等构成的虚拟空间，为学生的学习和想象力提供了一个更为恢宏的思维空间，进而将那些不在场的存在赋予了现实的意义和价值，由此也进一步拓宽了学生的视野，为学校新课程的开发和建设提供了更多的可能性和机会，为儿童和青少年学生的成长创造了一个新的大格局。人们可能会认为，在网络社会中，互联网技术的发展，以及各种各样的软件，使教师与学生、学生与学生、学校与家庭以及教育活动中诸多的利益相关者之间的联系更加便捷，进而为学校教育、家庭教育和社会教育之间的相互支持与合作提供了更大的平台和更好的机制。人们无疑会相信，在信息技术的支持下，各种在线教育的发展，越来越丰富的慕课，也为终身学习和学习化社会的发展提供了现实的基础。越来越多的人可以随时随地地选择不同的内容和形式进行适合自己需要的学习。大数据的发展也使得教育管理能够获得更加准确与及时的信息支持，并且能够进一步提升教育评价的科学性，等等。人们同时还会思考，随着信息技术特别是人工智能的发展及其对某些职业与技能的替代，包括对传统学习形式和方式的冲击，教育的新责任与功能应该是什么，网络社会中什么知识和能力是最有价值的知识与能力，我们的教育应该如何培养适应未来社会的人，我们应该如何教会人们与越来越多和越来越广泛的人工智能和机器人相处，形成人机和谐的社会，等等。所有这些都是有道理的，也都为教育发展和变革提供了更大的可能性。

同样有道理甚至更重要的是，网络社会这面镜子对人的成长和教育的意

镜子的寓意
—— 网络社会与教育变革

义还在于：它能够通过多个不同的"镜面"，让人们可以更好地在其中认识自己，更多方面地展示自己，也更容易去发现自己的特点，进而也能够更好地实现自己的追求和梦想。因为，认识自己才是人们成长中最大的挑战和教育最根本的价值。从另一个角度看，社会与教育的进步就体现在它们给予人们成长和发展的空间越来越大，特别是为年轻人的成长提供的可能性越来越多，或者说，为人们的自由发展创造了越来越丰富的选择机会。这是网络社会对于人的成长和教育最根本的意义所在，也是网络社会中教育发展和变革的新机会、新空间和新可能。令人遗憾的是，在目前各种关于信息技术、互联网以及人工智能与教育之间关系的讨论中，这种自我认同的根本问题却很少为人们所提起，甚至是被社会所忽视。在信息技术和所谓互联网＋教育的喧闹中，在各种各样的互联网教育的商业炒作中，甚至在各种各样的在线教育的模式中，人们或者是出于对教育的无知，或者是由于利益的驱动，也可能是由于认识的误区或者片面性，等等，人，这个教育中最根本的主体，似乎被边缘化了。信息技术的发展，互联网和物联网的发展，包括各种虚拟空间和人工智能的发展，究竟对人们的自我认同，或者说对人们认识自己产生了什么样的影响，这种教育的重大关切，好像也淹没在喧闹和炒作中。殊不知，这种自我认同的实现才是教育最根本的任务和责任，是网络社会最重要的教育意涵，更是网络社会中教育发展和变革最要紧的事情和责任。而自我认同的问题恰恰是与网络社会中各种信息技术和互联网所创造的一种新的教育环境——虚拟空间紧密联系在一起的。

值得关切的是，网络社会的这种教育意义，也是它对人的成长和教育变革的挑战所在，甚至包含了网络社会中人们成长的风险和教育的内在危机。这正是镜子的寓意所包含的价值。因为，它们以形象和比拟的手法揭示了人的成长困境和网络社会中自我认同的悖论，并且十分睿智地揭示了教育的价值，特别是网络社会中教育变革的方向与途径。显然，如果人们能够正确地认识社会这面镜子的性质和特点，知道这些镜子正是了解自己的途径和工具，进而学会从镜子里的形象去认识自己，协调自己本身与镜子中的自己的关系，则他们必定能够有自知之明，正如人们虽然在哈哈镜中丑态百出，但一点也不会怀疑自己的真实性一样。如果人们可以在现代社会诸多镜子里看到自己的多重形象，并从中找到和发现自我的同一性，进而从多个角度医治身心的毛病和弥补自身的短板，那么他们也一定能够自强不息。然而，也许是人的本性使然，人们往往不能很好地认识社会这面镜子的性质与特点，不会合理地协调现实中的"我"与镜子中的"我"的关系，特别是不知道该如何面对自己在网络社会不同镜面里各种形象的差异性，以至于迷失了自己，或者产生某种错觉与幻觉。更有甚者，由于虚拟现实技术的发展，以及各种所谓虚拟现实、虚拟空间甚至是虚拟社会等的出现，网络社会这面镜子中也已经开始发生现实与虚拟的差异和分离，以至于仿佛出现了一种"镜子破了"的现象。人们在这些不同镜面中看到了自身更多的镜像，看到了更加多样化的自我，也发现了自我本身的差异和内在矛盾。特别是由于网络社会这面镜子中各种虚拟镜面的出现，以及它与现实镜面的差异，给人们的自我认同带来了多样化甚至是分离或对立的不同镜像，"我是谁"这个传统的自我认同问题，在网络社会中获得了新的含义，也促使网络社会的教育做出自己的回答。

1714 年，英国思想家伯纳德·曼德维尔出版了《蜜蜂的寓言》一书，他通过每一个蜜蜂对个体利益的追逐和蜂巢的繁荣有序之间关系的寓言，提出了"追求个人私欲能推动公共利益"的"曼德维尔悖论"，影响和启发了亚当·斯密、哈耶克、凯恩斯等经济学大师，在西方思想史上产生了深远的影响，并成为亚当·斯密的《国富论》的理论先导，对于整个西方伦理学及人性论假设也有极大冲击。本书并不想评论曼德维尔的观点，只是由此而想到，镜子的寓意何尝不也是网络社会中人类发展的一个悖论呢！一方面，越来越多的机会、更大的空间和更多的选择，是人类进步的要求，是人类追求自由的体现，由此能够更好地展示人类的伟大和多样性；另一方面，这种越来越多的机会、选择与可能性，又使人类越来越陷入了迷茫和苦恼，以至于在这种多

镜子的寓意
——网络社会与教育变革

样性中失去了自己。进而，这种镜子的寓意又何尝不是对教育发展的一种挑战呢！面对人类发展的这种悖论，引导和帮助人们从那些欲罢不能的诱惑与可能性中去正确认识自己，进而真正挠到自我心灵的痒处，形成合理的选择，已经成为网络社会中教育变革的重要任务。本书用"镜子的寓意"来比喻和反映网络社会这一新的环境及其变化，以及说明人类发展的这种悖论及其教育意涵，就是要分析和探讨网络社会对教育的影响，特别是对自我认同所形成的挑战，这种镜子的寓意对自我认同的机制和教育的发展究竟有什么影响，"破镜重圆"是否可能，等等，本书将极力阐明其中的图景。其中，有我自己的生活经验与心路历程，而我也特别希望各位读者能够将自己摆进去，设想你自己就站在网络社会这面"镜子"面前，看看你自己有多少个不同的形象，你的形象发生了什么变化，想想你自己内心的冲突与矛盾，以及你该如何回答"我是谁"的问题。由此，让我们更加客观和清晰地认识网络社会的教育意涵，共同面对网络社会这种新的生存环境的变化，努力打造一面新的"镜子"。并且在网络社会的新"镜子"里，帮助和指导儿童和青少年认识他们自己，引导他们回答网络社会中"我是谁"的人生问题，进而更好地实现每个人的自我认同，这就是网络社会中教育变革的重要任务。

谢维和

乙亥年白露完稿于清华园强斋

庚子年仲夏订正于清华园荷清苑

一
"镜子"的故事

　　世界上有一面神奇的镜子，它不仅能够反映出人的外部形象，帮助人们妆饰自己，而且还能够引导人们认识自己的内心，发现自己的本质，甚至改变自己。同时，这面镜子本身也有不同的形状，以及不同的镜像，它时而温存平静，时而光怪陆离。这面独特的镜子就是我们生活在其中的社会环境，它包括知识体系、自然环境、政治经济文化以及他人。人的成长和发展离不开社会环境和与他人的相互作用。这种社会环境的影响对人的成长，特别是对教育和自我认同来说，就好像是一面镜子，人们在它面前认识和发现自己。而不同的社会都是这面镜子各种不同的样态与形状。所以，"镜子"也是教育中一个非常重要的研究和实践话题。

（一）库利的"镜中我"

1. "镜中我"的含义

　　将社会环境比拟为"镜子"，还真不是我的发明。它的"专利"属于美

镜子的寓意
——网络社会与教育变革

国社会学家和社会心理学家查尔斯·霍顿·库利（Charles Horton Cooley）。他在其主要学术著作《人类本性与社会秩序》一书中，对社会环境和人的自我认识之间的关系提出了一个非常贴切而又十分准确的比喻，即所谓"镜中我"的理论。在库利看来，心智不但不是像笛卡尔所认为的超然于外在的世界，反倒是个人与社会、世界和他人之间相互影响的产物。对此，他以"镜中我"，有时也叫作"反射自我"（looking-glass self）来形容自我是与别人或社会面对面互动的产物。他说："在许多情况下，与他人的联系依赖较为确定的想象形式，即想象他的自我——他专有的所有意识——是如何出现在他人意识中的。这种自我感觉决定于对想象的他人的意识的态度。这种社会自我则可以被称作反射自我或镜中自我：人们彼此都是一面镜子，映照着对方。"[①]在这里，别人或社会好像一面镜子。我的自我意识则是我从别人的心里看到别人怎么看我的。按照库利的说法，"这种自我认识似乎有三个主要成分：对别人眼里我们的形象的想象；对他对这一形象的判断的想象；某种自我感觉，如骄傲或耻辱等"[②]。显然，在社会这面"镜子"和自我认同的形成过程中，存在着三个非常重要的因素。

第一，我对于我自己在他人心目中的形象的想象。即我以为别人看到我什么，或者我觉得自己在别人的眼中是一个聪明的人，或是一个诚实的人，或是一个勇敢的人，等等。这并不一定就是别人真的看到我这些什么，或者真的就是我在他人心目中真正的形象，而只是我以为他看到的。任何正常的人都会产生这样的想象，而且，这种想象是自我意识形成的基础。

第二，我以为别人看到我的这些什么后，我自己会有什么想法。即对于自己上述想象的思考或产生的想法。例如，当我以为自己在别人的眼中是一个怯弱的人时，我自己会产生什么样的想法呢？我自己会反思自己是不是这样的人呢？或者是其他的想法，等等。也许这并不真的就是别人有的想法，

---

①② 库利. 人类本性与社会秩序 [M]. 包凡一，王湲，译. 北京：华夏出版社，2015：129.

而是我以为他有的想法。值得注意的是，我对自己在不同的人眼中的形象的想象可能是不同的，由此形成的想法与反思也可能是不同的，甚至是相反和相互冲突的。

第三，通过这样的想法和反思所产生的某种感觉。即我对自己是一个什么样的人，逐渐形成了比较稳定和统一的认识，对自己在社会中属于什么类型的人，自己具有什么样的个性，形成了比较一致的认识。这也就是社会心理学和教育学中所谓的"自我认同"和"社会认同"，即"我是谁"的问题。

用通俗的话说，一个人要知道自己是一个什么样的人，就必须参与社会，通过与他人之间的交往和互动，特别是借助他人对自己的评价、态度等，经由自己本身的反思，达到对自己的理解，并且由此形成一种比较稳定的人格特征。而库利的"镜中我"理论，则是非常形象地描述和表达了这个自我认同的逻辑过程和内在机制。其实，我们在社会环境中的实践活动，包括与他人的各种交往，以及在这种实践活动和社会交往中对自身的认识和调整，就如同在一面镜子面前不断地看到自己，认识自己，甚至是不断地"妆扮"自己。因此，自我本身就是作为一种社会的存在，是在与社会的相互作用中发展和成长的。当然，库利的贡献则是将这种自我的形成，特别是自我认同的形成比喻为"镜中我"，以一种十分形象的方式表达了自我认同的内在机制，即一个人对自己的认识实际上是来自自己对他人关于自己看法的反应，是在思考与考虑别人对自己的评价后，通过各种比较和概括等，逐渐形成了自我的观念。所以，一个人所具有的自我认识和自我感觉在形成过程中往往都受制于别人对自己的表情与看法以及别人对自己的态度，正如自己在不同的镜子里面呈现出不同的形象那样。

2. "镜子"的教育功能

应该说，库利的理论，特别是他的"镜中我"理论，随着人们对自我这一课题的探索，越来越得到理论界的关注。我认为，库利的"镜中我"理论

镜子的寓意
——网络社会与教育变革

是一个非常重要的教育理论。因为，打造一面具有正面引导功能的"镜子"，包括对社会环境这面"镜子"的某种控制和改良，即构建一个良好的教育环境，帮助和指导儿童和青少年学生认识自己，实现自我认同，恰恰是教育活动最根本的任务与目标，也是教育最重要的意义与价值。著名教育学家杜威在讨论教育方法的问题时，就非常明确地指出，"问题的回答就是：依靠环境的作用，引起某些反应"①。而本书关注的正是库利所说的"镜子"及其变化，以及对教育和自我认同的影响。

社会环境这面"镜子"实在是太重要了。因为，个人正是通过社会及其中的他人这样的"镜子"而认识自己的。对此，库利非常明确地说道："对他人的观点的想象经常打破我们内心的平静，这就意味着我们受着他人的影响。在一个我们认为很重要的人面前，我们会产生一种倾向，通过同情理会并采用他对我们的判断，给思想和目的赋予新的价值，按他意识中我们的形象重新塑造生活。"② 所以，库利的"镜中我"理论正是揭示了在教育活动中"镜子"的重要性，以及"镜子"本身的特性及其变化对自我认识所具有的影响。因为"它可以帮助我们理解人们是怎样通过把握我们的想象而控制我们的，还可以帮助我们理解我们的个性是怎样通过猜测我们的自我在他人心中的形象而成长和形成的"③。根据教育学的基本理论，这面"镜子"的教育功能至少包括以下两个方面。

第一，自我认同的功能。所谓自我认同，简单地说，就是自己对自身人格特征的一种比较稳定的认识，也就是认识"我是谁"的问题。它指的是"一种对于自己是什么样的人，将要去向何方以及在社会中处于何处的稳固且

---

① 杜威. 民主主义与教育：教育哲学导论 [M]// 吕达，刘立德，邹海燕. 杜威教育文集：第 2 卷. 北京：人民教育出版社，2008：15.

② 库利. 人类本性与社会秩序 [M]. 包凡一，王湲，译. 北京：华夏出版社，2015：144.

③ 同②：145.

连贯的知觉"①。

　　哈佛大学教授、心理学家埃里克森（Eric H. Erikson）认为，这种自我认同感的形成或获得是青少年发展过程中一个非常重要的问题，而且也经常成为他们成长中的一个障碍。根据埃里克森的说法，这种自我认同感是在面对许多选择时逐渐形成的。例如，什么样的职业是自己向往和想要的；自己应该信奉什么样的道德观念和价值观念；自己到底是一个什么样的人，应该去做一个什么样的人，以及自己在社会环境中的地位；等等。这些都是非常典型的青少年的自我认同的问题。②这种自我认同对人的发展是非常重要的。它是自我意识的重要组成部分，是人区别于其他动物的根本特征。而且，这种自我认同也是个体参与社会的基本条件。在这种自我认同中所谓的"同一性"，其实就是指"由个体的动机、能力、信念和经历组成的一个一致的自我形象"③。

　　必须看到的是，人的这种自我认同并不是天赋的，也不是自然而然地形成的。它是通过与社会和他人进行交往而发生的反思活动才获得的。因为，人作为一种具有自我意识的社会存在，本质上是主体间性的，而且是一种"非位置性"④的社会存在。也就是说，一个人永远不可能完全成为自己的认识对象，他只能从社会和其他人的身上去认识和发现自己，包括自己的能力、性格与特点，等等。例如，我能够将一盆花养得很好，就能够由此认识到自己具有某种养花的能力。而如果我能够在某些领域取得一定的研究成果，则能够由此形成自己在这个领域中的学术自信。儿童与青少年学生的自我认同也与他们在学习和成长过程中的成败有关。当然，一个人也正是在社会和他

　　①②　SHAFFER D R，KIPP K. 发展心理学：儿童与青少年：第八版 [M]. 邹泓，等译. 北京：中国轻工业出版社，2009：449.

　　③　伍尔福克. 伍尔福克教育心理学 [M]. 伍新春，赖丹凤，季娇，等译. 北京：中国人民大学出版社，2012：74.

　　④　所谓的"非位置性"，指的是个人永远不能完全认识和看到他自己。因为当他反思自己的时候，进行反思的"我"一直在被反思的"我"之外。

镜子的寓意
——网络社会与教育变革

人的种种反馈中逐步形成对自己行为和心理的认识。这个过程的内在机制就是自我把自己的能力、行为特征以及个体的特点等内在属性投射在活动对象身上，进而成为自己认识的对象。而社会正是个体自我认识的一面镜子，是人们实现自我认同的必由之路。每个人的能力和本质特征，都必须通过社会交往和实践活动进行反思，进而形成对自己的认识。可以说，没有社会，也就无法形成自我认识与自我认同。需要指出的是，社会这面镜子也是会变化的，它也常常呈现出不同的风格和特点，由此也会影响和制约人的自我认识与认同。因为，在不同的社会环境和人群中，个体活动所获得的反馈结果很可能是非常不同的。在不同人的眼里，人们也会看到不同的自我，并由此对自己产生不同的影响。对此，库利说道："我们在其心目中看到我们自己的另一个人的角色和力量，对我们的情感有很大影响力。我们羞于在一个坦率的人面前显得躲躲闪闪，在一个勇敢的人面前表现出胆怯，在一个优雅的人眼里显得粗鲁，如此等等。我们总是想象，并在想象中与另一个头脑持同一判断。一个人会对另一个人吹嘘一次行动——比如说一次精明的买卖交易，而对另一个人却会羞于启齿。"[1] 从这个意义上说，将社会作为人们认识自我的一面镜子，正是体现了社会环境对于实现自我认同的功能。

第二，社会认同的功能。所谓社会认同，指的是个体对自己作为某种社会群体成员的认可，或者对自己所属社会群体的认同和接受。如果说个体的自我认同主要指的是个人对自己人格特征的自我认识与自我描述，那么社会认同则指的是社会的认同作用，或是由一个社会类别的成员得出的自我认识和自我描述。对此，社会心理学家亨利·塔菲尔非常明确地将社会认同定义为，"个体认识到他（或她）属于特定的社会群体，同时也认识到作为群体成员带给他的情感和价值意义"[2]。需要指出的是，个体的这种社会认同也是在社

---

① 库利 . 人类本性与社会秩序 [M]. 包凡一，王湲，译 . 北京：华夏出版社，2015：130.
② 张莹瑞，佐斌 . 社会认同理论及其发展 [J]. 心理科学进展，2006，14（3）：476.

会环境中形成和发展的。按照亨利·塔菲尔与约翰·特纳的观点，这种社会认同至少涉及三个非常基本的变量，即社会分类、社会比较和积极区分。社会分类能够将自己纳入某一社群；社会比较则能够进一步强化自己作为某一社会群体成员的归属感；而积极区分则能够满足个体获得自尊的内在需要。①

由此可见，无论是社会分类、社会比较，还是积极区分，都是在社会交往中完成的，是一种个体与社会群体的关系。例如，我们作为中国人，就是通过在中国的社会环境中对中华民族文化的认同，并且通过与其他文化形态的比较，而形成中国人的社会认同。这种社会认同理论把个体对群体的认同摆在核心的位置，认为个体通过社会分类，对自己所属的群体产生认同，并产生内群体偏好和外群体偏见，个体通过实现或维持积极的社会认同来提高自尊，积极的自尊来源于内群体与相关外群体的有利比较。②从这个意义上可以发现，社会认同正是通过社会这面"镜子"得以实现的。正是在社会环境这面"镜子"里，人们对不同的社会群体进行分类，并且通过比较社会和他人的反馈及其自身的反思，将自己纳入一定的社会群体，进而获得自尊。因为，一个人正是从某些群体的社会成员的积极评价中找到和确认了自己的归属，以及获得一种社会认同感。由此可见，社会这面"镜子"就是社会认同的重要机制和工具。正如库利所说的那样："'群体自我'或'我们'只是包括了其他人的'我'。把自己和群体等同的个人，用'我们'这个字眼来表示共同的意愿、意见等等。这种意识是由在内部合作抵御外界力量而激发产生的。"③他还说："民族自我，实际上是所有的群体自我，只有在与更大的社会发生联系时才能感觉到，这正如个人的自我只有在与其他个人的关系中才能被感觉到。"④不难发现，人的社会认同的出发点和基础仍然是自我认同，是一种对自身社会归属的自我认同。所以，自我认同是一个人成为人的核心，

①② 张莹瑞，佐斌. 社会认同理论及其发展 [J]. 心理科学进展，2006，14（3）：476.
③④ 库利. 人类本性与社会秩序 [M]. 包凡一，王湲，译. 北京：华夏出版社，2015：147.

镜子的**寓意**
——网络社会与教育变革

因而也是教育的根本价值。

由此可见，社会这面"镜子"的确有一种教化的作用，它能够通过人们的交往与实践，进而对人们的自我认识和行为产生一种引导性的参考作用，特别是通过人们在面对"镜子"时形成的羞耻或骄傲等感觉，促使人们对自己的行为与思考方式进行调整、转变或强化等。这就是环境对人的影响，或者是环境的教育功能。所谓历史中的环境决定论，强调的正是环境对人和社会的决定作用。正如库利所指出的那样："当我们开始想象其他人的意识活动时，我们便开始学习区别善与恶，并由此意识到了理性试图调和的各种本能冲动间的矛盾。"①

当然，这样的"镜子"并不是一成不变的，它也是一个历史的范畴，不时地随着时代的发展而变换着自己的形象，调整着自身的功能。自近现代社会以来，社会这面"镜子"已经经历和发生了太大的变化。而这面"镜子"所具有的自我认同和社会认同的功能与机制，也发生了非常大的变化，由此给教育带来了十分深刻的影响。

众所周知，帮助和引导个体形成对自己个性与人格特征的把握和认识，正是教育的根本任务与责任。教育不仅仅要指导儿童和青少年认识和了解自然界和人类社会，更加重要的是引导和帮助他们认识自我，而这种自我认识也是教育最核心的任务。如古希腊教育家苏格拉底的名言"认识你自己"，中国教育家孔子在《论语》中所强调的"学以为己"，以及近现代中外许多教育家所一直主张的那样，教育和教师的责任并不是单纯的教书，而是教学生。中国著名教育学家叶圣陶先生曾说："我如果当中学教师，决不将我的行业叫做'教书'，犹如我决不将学生入学校的事情叫做'读书'一个样。……而我呢，却要使学生能做人，能做事，成为健全的公民。"②中国俗话中所谓"人

---

① 库利.人类本性与社会秩序 [M].包凡一，王湲，译.北京：华夏出版社，2015：143.
② 叶圣陶.如果我当教师 [M]// 杨斌.如果我当教师.北京：教育科学出版社，2012：6.

贵有自知之明""自知者明，自胜者强"也都是这个意思。美国教育家杜威在《我的教育信条》一文中也同样认为，"由于民主和现代工业的出现，我们不可能明确地预言 20 年后的文化是什么样子，因此也不能准备儿童去适合某种定型的状况。准备使儿童适应未来生活，那意思便是要使他能管理自己，要训练他能充分和随时运用他的全部能量"[①]，"教育的理想的目的是创造自我控制的力量"[②]。不难发现，人生最难的是莫过于对自己的认识和控制。人真正的智慧正是对自己的认识，人最内在的力量也就是对自己的控制与把握。人们之所以犯错误，其根源也就是对自己的无知。所以，良好的教育，就是能够帮助与引导儿童和青少年学生正确地认识自己，管理好自己，真正成为自己的主人。而实现这种教育目的的科学途径之一，就是选择、创造和提供一种适当的环境，使儿童和青少年学生能够从中正确地看到自己、发现自己，得到适当的反馈与引导，形成正面的想象，并且产生积极的自我感觉与形成正确的发展方向。库利所称的"镜子"正是教育中的这种环境，是儿童和青少年学生成长的社会条件。而教育的改革发展及其变化，也无不包含了这种环境和社会条件的变化与调整，即"镜子"的变化。

（二）"镜子"的变迁

按照历史发展的进程，社会这面"镜子"至少经历了从小到大、从单一到多面、从同一到多样化的变化，并由此也对人们的自我认同机制和模式产生了非常重要的影响。这里，我试图以自己的经历，从中国 20 世纪 60 年代

---

① 杜威.我的教育信条 [M]// 吕达，刘立德，邹海燕.杜威教育文集：第 1 卷.北京：人民教育出版社，2008：7.

② 杜威.经验与教育 [M]// 吕达，刘立德，邹海燕.杜威教育文集：第 5 卷.北京：人民教育出版社，2008：346.

镜子的寓意
——网络社会与教育变革

至今这个非常浓缩却有着丰富内涵的历史时空中，作为一个"亲历者"和反思者，叙述和阐释这面"镜子"的变化及其影响，以及"我"对此的感受。

1. 农耕社会的"小镜子"

传统的农耕社会，对于人的自我认同和社会认同过程来说，真的就是一面小小的"镜子"。在这面"镜子"里，人们的自我认同和社会认同都是非常简单的。

我自己曾经深切地感受过这种农耕社会的"小镜子"对村民及我的影响。那是在初中毕业以后，我和一群乳臭未干、不谙世事的同学来到了江西省某县的边远山区插队劳动，接受贫下中农的再教育。虽然当时已经是 20 世纪 60 年代末，可这个山区仍然处于非常落后的农耕时代。我插队的那个小村子里只有十几户人家，分别坐落在方圆几十里的大小山头上或山坳里。他们常年过着一种几乎是自给自足的生活，除了偶尔下山采购一些食盐等之外，其余的生活必需品都是自产的，包括蔬菜、茶树油、烟叶、粗布等。而且，村民们之间的交往也非常少。这样的生活环境就是他们成长的社会，而他们也就是在这样的"镜子"里认识了他们自己。显然，这样的"镜子"至少具有以下几个特点。

第一，这是一面非常小的"镜子"，在这面"小镜子"中，由于生活环境的封闭和人际关系的简单，村民们能够从中看到的自己的形象是非常有限的，甚至是很少的。在这面"镜子"里，人们可以看到的是几个人一组的田头劳作；大家偶尔在大屋的厅堂里围坐在一起，一边听有文化的村民读报，一边传递着一根竹根制成的烟斗；还有就是男人们对年轻的小媳妇的调侃，以及青年人彼此之间的打闹与嬉戏。由于平时能够交往的对象非常少，他们能够想象的他人对自己的看法也是非常有限的，因而，他们从为数很少的村民的眼里想象着大家对自己的看法和期望，并且想象着人们对自己的评价和要求，进而通过这样的想象塑造着自己的人格，包括自己的思维方式和行为模式，等等。同时，由于这是一面"小镜子"，他们也很容易在本地村民的生活方式和价值观念中找到自己的社会归属，形成自身的社会认同。

第二，这面"小镜子"里面的各种映像，以及村民们对他人对自己的看法的想象，总体上是比较简单与和谐的，并不存在太多的冲突和矛盾。由于村子里的生活本身很简单与稳定，村民们彼此之间早已形成一种非常清晰和熟悉的预期和认识。老人们在村子里形成了无形的权威，成人们之间也存在着千丝万缕的关系，而孩子们则都是"看着长大的"，尽管已经没有了童养媳或者指婚之类的事情，但婚丧嫁娶也都仿佛早已是命中注定的事情。我清楚地记得，就在我们几个男生住的小屋的房梁上，搁着一副棺木。据说是我们邻居为刚刚成婚的儿子准备的。这意味着他们对未来的期望，而所有的未来在他们的生活中充满着确定性，一切都是那么顺其自然。当然，在这样的"小镜子"里，人们非常容易认识自己的人格与个性特征。甚至可以说，他们可能就没有什么自己的个性特征。我们完全可以想象，这是一幅多么静谧安详的乡土图画，它又是一种多么可怕的死气沉沉的环境。

可以说，村子里的小社会就是他们认识自己的"小镜子"，他们就是在这样的环境里对象化自己的个性与本质特征，并且发现自己是一个什么样的人，进而非常简单地知道了"我是谁"的成长问题。现在回想起来，我插队所在的村子里的一些同龄人，他们过去从未走出过乡间，接触和感受的就是大山里的叔伯婶姨与兄弟姐妹。他们是那么单纯、朴实和真诚。他们是快乐的，但这种快乐是比较简单的，甚至是封闭的。因为他们只能在这样的"小镜子"里去认识他们自己，发现他们自己，并且找到自己的社会归属——承接父辈的职业，继续做一个面朝黄土背朝天的本分的农民。

这就是农耕社会的"小镜子"，也就是那个时代的社会化与自我认同的形成机制。这是在生产力水平非常低下的社会发展阶段中的"镜子"，是一面非常狭小的"镜子"。但这样的镜子终究是要变化的。我在插队时的一些乡间小伙伴们已经走出来了。我也离开了那个乡村，走进了产业工人的队伍。我们来到了城市里打拼。更重要的是，我们已经遇到了一面更大的"镜子"。

2. 工业社会的"大镜子"

新的科学发现和技术手段的发展，不仅改变着我们的经济形态，也同样改变着我们的社会存在。更加有意思的是，它也极大地拓展了人们认识自己的可能，或者说铸造了一面更大的自我认同和社会认同的"镜子"。这面"大镜子"为人们提供了更大的生存空间，为年轻人的成长提供了更多的可能性，但它同时也为人们反映出更多更复杂的形象，为人们的自我认同和社会认同带来了新的机遇与新的困惑。

1971年年初，我从插队的农村走进了工厂，成为一名工人，继而由于工业化的发展因素，我又从小县城来到了省会城市工作。更重要的是，我走出了那个可爱温馨但非常封闭的小村庄，来到了城市，一个更加恢宏的生存空间。这对于我这样一个中学毕业后首先去到农村，然后又走进城市的年轻人来说，无疑是开始了一种新的社会化历程。我的眼睛里有了现代化的机器，有了高高的烟囱，有了各种各样的新词汇，等等。我知道了那些建造摩天大楼和大路桥梁的混凝土是怎样生产出来的，也曾经在球磨机旁边"享用"了大量的灰尘；我目睹了一张张的浆粕纸，如何被切碎、溶解、高温加热、抽取真空与过滤等，特别是经过我自己所在的纺丝工序，从黏胶中抽取出纤维，并且经过牵伸和排列，形成一定的强度，再经由清洗、切断和烘干，而成为白灿灿的人造棉。在这个过程中，那些无情的酸液在我的衣服上留下了一个个洞眼，更有二氧化硫等化学元素在我身体上留下了纪念。当然，在这种新的环境里，我也在发现新的自我，看到了自己更多样化的形象，对自己在他人眼睛中的"我"有了更多的想象，也由此产生了更加丰富的自我认知。当然，这也使得我的自我认同和社会认同获得了新的内涵与意义。与农耕社会的"小镜子"相比较，工业社会这面"大镜子"至少有以下两个特点。

第一，更大的"物理尺寸"。

它可以容纳更多的他人，可以有更多的想象，也能够装得下更多的感受。与农耕社会的生存环境相比，工业社会的生存空间发生了更大的变化，人们的社会化环境和过程也有了非常大的拓展。

在我进入工厂和城市以后，我的生存空间也得到了极大的延展。我认识了更多的人，有了更大的交往空间，也获得了更开阔的眼界。在水泥厂里，我要与运送石灰石的卡车司机打交道，在卸车的同时，偶尔地客串一下卡车修理工的角色；我要与球磨车间的工友解释，粉碎的小石头是合乎规格的；在化纤厂里，我曾经与纺丝机的同事一起商量如何在生产正常时轮流值班，以便能够有时间读书，去技校上课；我也曾经在担任保全工期间，为工厂里的同事修理自行车；当然，我与同事之间也曾经有过一些年轻好胜的矛盾，也有过一些取悦班组里女同事的表现，以及讨好领导的行为；等等。我在不同环境里，常常为自己应该如何扮演合适的角色而苦思冥想，我也曾经为想象同事和领导如何看待我，而不断地反思着；我还为自己在接触过的女同事眼中究竟是一个什么样的形象而烦恼；等等。更加重要的是，在这面"大镜子"里，我自己也在扮演着各种不同的角色，变换着各种不同的形象。由此，我自己的生活变得更加丰富多彩，我感受到一个更加宽阔的世界，从不同的途径展示着自己。与此同时，我也在这样的"大镜子"中不断地发现自己，认识自己，在时时地想象着自己在不同场合和不同时候在不同人眼中的形象；此外，也在不断地想象自己应该选择一种什么样的形象，出现在人们面前，存在于社会里。当然，我也在这个过程中不断地建构自己的自我认同和社会认同，寻求"我是谁"的答案。

第二，这面"大镜子"里面的内容往往也是充满着差异、冲突与矛盾，甚至呈现出某种混乱的图景。

虽然我在这面"大镜子"里看到了更多的自己，有了更加恢宏的对象化的空间，产生了更多的想象和反思，认识了更加多样化的自己，进而丰富着自我认知，但是这种丰富多彩也给我带来了许多烦恼。因为，这些形象、这些对象化的结果，这些想象和反思与自我认知，常常并不是那么一致，而是呈现出越来越大的差异，甚至是冲突和矛盾。从有些人的眼中，我看到的是肯定与赞许，由此而得到鼓励与支持；从有些人的眼中，我看到的是否定与怀疑，由此而产生了困惑与彷徨；从有些人的眼中，我看到的是诧异和惊奇，由此对自己的所作所为产生一种自我反思与批判；等等。在这些不同的想象与反思中，我不断地调整着自己的思维与行为，不断地变换着自己的形象，而且不断地找寻其中的性格特征与内在的人格取向。我多次为此而苦恼与纠结，甚至是不知所措，无所适从。我时常在问自己：在这面"大镜子"中，我的哪一个映像才是真正的自我？我自己的个性与人格特征究竟是什么？例如，曾经有人评价我是一个比较平和的人，甚至是一个所谓的"老好人"，不愿意得罪人。的确，我非常尊重其他人，相信这个世界还是好人多，中庸应该是做人的最高境界。而有的人却认为我是一个很有个性的人，甚至是锋芒毕露的人。不错，我的确偶尔会做出一些不合乎常规的事情，包括在报刊上发表某种与众不同甚至引起争议的观点。当然，有的人也认为我是一个"外圆内方"的人，等等。我逐渐认识了自己，但这个过程的确是挺纠结的。

其实，这种纠结岂止是我个人的遭遇，它简直就是现代社会中人的宿命。现代人在社会这面"镜子"中的形象就是这种多样化且充满差异与矛盾的样子，人们对于这些形象的反思和态度也是冲突的。但也正是在这种纠结中，人们不断地建立起自我，达到自我认同和社会认同。其实，人们并不害怕这种"大镜子"，也并不过分担忧"镜子"中不同的自我形象给自己带来的烦恼，因为它毕竟是一面现实的"镜子"，而且它总能够为各种各样的映像之间的冲突与纠结提供一个比较客观同一的根据。他们真正苦恼的是，自己面前的"镜子"开始变得越来越多了，有了各种各样不同的"镜子"了。

3. 世俗社会的多面"镜子"

所谓世俗社会的多面"镜子"，指的是在"上帝死了"以后的世俗社会里，随着科学理论的进一步发展与人们自我意识的不断觉醒，自我在对象化自己的活动中，所面临的已经不是一面大家共同认可并以此为精神寄托和自我归属的"镜子"，而是各式各样的"镜子"。其中，有日常生活中的"平面镜"，有包括凹面和凸面的"曲面镜"，有"反射镜""后视镜"，以及很容易产生影像间重叠干扰的"多棱镜"，还有能够让人变形的"哈哈镜"，等等。在各种"镜子"面前，人们常常感到不解、迷茫、踌躇，甚至是不知所措。过去在"大镜子"里虽然也有各种各样不同的映像，但它们毕竟都是在一面"镜子"里，存在着一个统一的客观根据与标准。然而，在如今各式各样的"镜子"中，究竟哪面"镜子"是真实的？我自己在哪面"镜子"里的形象是最真实的？为什么在不同的"镜子"里会出现不同的自我呢？我又应该如何去建立自己的自我认同和找到自己的社会认同呢？人们在这些"镜子"面前感到失落与茫然。在这些"镜子"中，人们的形象逐渐变得不那么清晰，甚至是越来越模糊，看不清了。人们开始不能理解自己在社会中的形象究竟是什么，也不知道他人对自己的看法究竟是什么。

应该指出，世俗社会的这些"镜子"的变化，也是社会发展特别是社会分化的一个具体体现。人们在这些"镜子"中的形象当然也非常不同了。这也正是现代社会对人的自我认识，包括自我认同和社会认同，提出的新的要求和挑战。这些各式各样的"镜子"及其现象，有两个非常独特的含义。

第一，"镜子"的分化。

在世俗社会中，"镜子"已经失去了它的神圣性，并且正在走下昔日的神坛。这是社会的世俗化，也是"镜子"的世俗化。借用德国社会学家韦伯（Max Weber）的话，传统社会的"镜子"已经被祛魅了，现代生活越来越走向理性化的道路。换句话说，这面映照自我的"镜子"已经逐渐失去它过去一部分神性的功能。如同尼采所喊出的"上帝死了"，世俗社会中的"镜子"也不再是人们以往认识自己本身所不得不依附的唯一"上帝"，同一面"镜子"变成了许多面不同的"镜子"，它们也呈现出多样化与多元化的格局。

镜子的寓意
——网络社会与教育变革

　　必须承认的是，"镜子"的这种变化是必然的，也是符合社会发展规律的。人类社会的发展就是这样不断分化的，而人们借以认识自己的"镜子"也是不断分化的。更重要的是，在新的"镜子"面前，人们自我认知的方式与机制也在不断分化，进而形成了新的挑战。对此，法国社会学家涂尔干也在他不同的作品中一再强调现代社会这种分化与世俗化的趋势。他认为："社会的发展是由机械的团结进化到有机的团结。原始社会分工不发达。个人之间相同性多，相异性少，一个人需要并可以同时做种种的工作。社会的组织粗疏而不紧密，个人的创造性和自由性不能尽量发展。因此，个人对社会的组织并不负什么道义上的责任，联系的形式采取机械团结。所谓有机团结则是建立在社会分工之上的联系，它产生一种新型的社会结构和社会价值，并且发展个人的人格。"[1] 显然，这两种社会联系模式正是两面不同的镜子，引导人们对自己形成不同的认识。在机械团结的"镜子"中，人们看到的是自己与他人的同一性；而在有机团结的"镜子"中，人们可能更多地发现了自己的差异性或个性。所以，社会发展对个人的自我认同而言，就如同是镜子的变化。而"镜子"的多样化正是社会分化的表现，它反映了现代社会中自我的分化，当然也就导致了个体自我认同和社会认同机制与途径的变化。

　　第二，个体对"镜中我"的反思日益重要。

　　由于"镜子"本身的多样化，以及各式各样"镜子"的相互影响和作用，"镜中我"的形象开始发生变化，甚至是出现失误的幻象。例如，如果两面镜子的夹角不同，镜子中物体成像的个数就不同，多像镜成像个数与角度之间会形成一定的关系。只要把两面镜子垂直平行放置，把一个物体放在它们中间，就可以从镜子里看到多个物体排放的效果。可以由此联想的是，如果一个人在社会的多面"镜子"中间，又会发生什么样的情况呢？难道不同样会出现多个自我的镜像吗？在这些镜像中，"我"又怎样才能够找到真正的自我

---

　　① 程继隆.社会学大辞典[M].北京：中国人事出版社，1995：401.

呢？所以，在这个过程中，个人自身的反思及其连续性，就显得越来越重要。这正是英国社会学家安东尼·吉登斯关于现代性与自我认同的理论所力求表达的思想观点。

吉登斯在他非常重要的学术著作《现代性与自我认同》一书中，非常明确和深刻地指出了现代社会中自我认同机制的变化。他认为，人们在现代社会中，越来越从自身内部去寻找自我认同与社会认同的连续性。他继承了库利的"镜中我"理论，并且进行了发展和与时俱进的改进。吉登斯认为，自我认同并不简单地就是个体所拥有的全部特质及其组合，也不是一种单纯的自我认知，而是个体依据其个人经历，特别是通过与他人和社会的互动，通过反思性理解所形成的自我。但是，与库利的"镜中我"理论有所不同的是，吉登斯认为，自我认同在这里设定的自我的连续性或同一性，并不是一种单纯客观时空的同一性或连续性，而是一种反思的连续性或同一性。因为，按照库利的观点，自我认同虽然也需要自己的反思，但客观社会的同一性与连续性为自我认同提供了现实的客观基础。由于社会的分化以及"镜子"本身的分化，吉登斯的自我认同理论则力求超越客观时空的连续性，强调个体在自己本身的反思中作为行动者的反思解释的连续性。所以，个体的自我认同并不仅仅是在自己的行为之中发现的，也不完全是在他人的反应之中发现的，而是在与他人和社会的互动及交往中，通过自己本身意识和反思的连续性而实现的，是在内心里把各面"镜子"中反映出来的各种各样的"我"进行对比、整合与协调而实现的。

由此，我们可以看到，吉登斯的自我认同理论揭示了现代社会中个体与社会之间关系的变化，特别是社会分化和由此导致的"我"的分化，以及由此产生的自我本身的内在冲突与矛盾，进而超越试图通过外部社会实现自我认同与社会认同的传统机制，而努力在自我本身中重构西方传统的自我认同理论。

可以说，吉登斯的自我认同理论表达了在新的视野中对现代社会的自我认同机制与途径的新的探索和深度反思。他竭力探索从个体性走向关系性的自我认同之路，超越了那种基于孤立静止的个体自身去寻求自我认同的途径。吉登斯认为，自我认同过程是一个动态性的连续体，是作为行动者的反思解释的连续性。也就是说，在他那里，自我认同不可能是个体的独立行为，个体总是处在不断地相互作用过程之中的，由个体的相互作用和联系确立的社会才是真正的社会。自我以及自我认同是在社会中形成与发展出来的，自我的执行功能也同样只有通过社会才能揭示出自我与自我认同发生作用的机制。①

（三）"镜子"的破裂

其实，不管是农耕社会的"小镜子"，还是工业社会的"大镜子"，或者是世俗社会中各种各样的"镜子"，人们总还是有这样现实的"镜子"来看自己，从中发现自己的映像，并且不断地反思自己，实现自我认同。然而，到了网络社会，由于信息技术的发展，特别是互联网以及虚拟世界和虚拟空间的出现，这面"镜子"发生了破裂，成为一块有裂痕的"镜子"了。在这面出现裂痕的"镜子"中，一部分是现实的"镜子"，而另一部分则是虚拟的"镜子"，由此给人们的对象化及其形象带来了更加尖锐的分裂与冲突，也使得教育的自我认同面临着新的更加严峻的挑战。

---

① 吉登斯的上述理论和观点可以参见：吉登斯. 现代性与自我认同：现代晚期的自我与社会 [M]. 赵旭东，方文，译. 北京：生活·读书·新知三联书店，1998；李慧敏. 社会转型时期的自我认同与教育：以吉登斯自我认同理论为视角 [M]. 北京：高等教育出版社，2005.

1. 吉布森的想象

说到网络世界，不能不提到美国科幻作家威廉·吉布森（William Gibson）以及他的小说《神经漫游者》（*Neuromancer*）[①]。这首先得从虚拟世界或虚拟空间说起。在网络社会中，人们不仅仅生活在客观的现实空间中，而且还生活在一个由计算机和网络所建构的虚拟世界或虚拟空间中。当然，这种所谓的"虚拟"，指的是"需要时建立起来的虚拟电路或虚拟内存"[②]。通过这种虚拟电路或虚拟内存，可以建立与形成一定的虚拟网络系统（VINES），这种虚拟网络系统能够支持多个服务器和企业网络，支持为命名管道、套接字和 NetBIOS 仿真提供一个环境范围内的连通性。它还具有能够提供网络范围内的安全服务、网络局部的和全局范围的管理和监控能力，以及为各种各样的智能消息（IM）提供通用化的信息转换能力，包括电子邮件和消息处理、公告系统、日历、日程和活动报告、传真服务以及工作流程的自动化，等等。[③]非常重要的是，通过这种网络所形成的开放系统互联（OSI）可以提供某种虚拟终端作为应用层面的服务，由此使虚拟终端能够对特定终端工作进行仿真。这种服务包括了基本的文本服务、格式的服务以及图形的服务。[④] 显然，这种新的虚拟的网络世界为人们的生活提供了巨大的思维空间以及更多的可能性。

而"网络"这个词，还就是吉布森的创意。他在 1984 年创作了一个长篇的离奇故事，书名叫《神经漫游者》。小说出版后，好评如潮，并且获得多项大奖。吉布森也被称为当代最重要的英文作家之一、科幻小说宗师、赛博朋克之父。他的处女作《神经漫游者》开创了"赛博朋克"这个文学流派，1985 年史无前例地囊括雨果奖、星云奖、菲利普·K. 迪克奖，2005 年《时代》

---

① 吉布森. 神经漫游者 [M]. Denovo，译. 南京：江苏文艺出版社，2013.

② FEIBEL W . Novell 网络百科全书 [M]. 朱克勤，等译. 北京：电子工业出版社，1996：571.

③ 同②：570.

④ 同②：571–572.

镜子的寓意
——网络社会与教育变革

杂志将其列入"1923 年以来 100 本最佳英文小说"。吉布森不仅为科幻小说开辟了一个全新的疆域，他天才的文风和犀利的哲学思辨，更赋予科幻小说一种新的质感与厚度。他的每本小说，均是可以被反复品味、反复重读的当代经典。更重要的是，他也是"网络空间"（cyberspace）这个词的发明者。如今处处可见的"网络空间"就是因为吉布森小说的影响力而进入了我们的语言系统。

《神经漫游者》描写了反叛者兼网络独行侠凯斯，受雇于某跨国公司，被派往全球电脑网络构成的空间里，去执行一项极具冒险性的任务。进入这个巨大的空间，凯斯并不需要乘坐飞船或火箭，只需在大脑神经中植入插座，然后接通电极，电脑网络便被他感知。当网络与人的思想意识合二为一后，即可遨游其中。在这个广袤空间里，看不到高山荒野，也看不到城镇乡村，只有庞大的三维信息库和各种信息在高速流动。而"网络"一词正是源自吉布森小说中的"赛博空间"。

他在小说中写道："'网络源自古老的电子游戏，'画外音说道，'源自早期的图形程序和军方实验的颅骨接入口。'索尼显示器上空间战的二维画面逐渐消失，生长出一片数学函数生成的蕨类植物，展示对数螺旋的各种三维形态；蓝色调的军方录像片段闪过，有被接入测试系统的实验动物，还有接入坦克和战机火力控制回路的头盔。'赛博空间。每天都在共同感受这个幻觉空间的合法操作者遍及全球，包括正在学习数学概念的儿童……它是人类系统全部电脑数据抽象集合之后产生的图形表现。有着人类无法想象的复杂度。它是排列在无限思维空间中的光线，是密集丛生的数据。如同万家灯火，正在退却……'"[1] 而且，正如吉布森所描述的那样，这种网络空间对于小说主人公来说，"已经变成了他的日常生活：放上电极，接入网络，切换感觉"[2]。

---

① 吉布森. 神经漫游者 [M]. Denovo，译. 南京：江苏文艺出版社，2013：62.

② 同①：78.

在吉布森看来，网络空间由交易、关系和思想本身构成，它们像一道永恒的波浪，在交流之网上部署着。网络空间的世界无处不在，又无处可寻，这个世界不是肉体存在的世界，而是一个新世界，人人都可以进入这个世界，而不必考虑由种族、经济力、武力、出生地带来的特权或偏见。在这个网络空间的世界中，人人都可以表达自己的信仰，无论这种信仰是多么古怪。

尽管是科幻小说，可现在的网络空间好像还正是如同吉布森所描述的那样，呈现出与客观空间非常不同的一番景象，成为人们一种新的生存空间。在这里，好像没有什么特定的权威，也没有能够形成广泛共识的规矩，似乎也不存在什么社会的分层与阶级的差异，而且，在这里，好像已经没有了男女之间性别的区分，也分不清长幼尊卑。然而，在这里，人们同样可以谈情说爱、切磋琢磨、沟通思想等等。更加重要的是，在这里，人们并不需要长途跋涉，就能够进行环球旅行；人们并不需要彼此认识，就可以相互交谈；人们甚至并不需要笔墨纸砚，就能够高谈阔论，议长论短，吐槽现实，针砭时弊；更有甚者，在这里，人们可以天马行空，独往独来。网络空间极大地拓展了人们生存的思维空间，为人们呈现出一个更加开阔和恢宏的世界。自不待言，这是社会的进步，是科技的创新，也是人类新的生活方式。这种虚拟现实技术 ① 与虚拟空间的创造无疑是人类社会和科学技术的一个重大进步，也能够为人类带来新的生存空间与机会，提高人们的生活质量。它创造了一个拓展人类生命的新的生存空间，但是它也同时制造了一个让人类生命陷入迷茫与困惑的生存空间。

---

① "虚拟现实技术"（VR），又称灵境技术，是 20 世纪发展起来的一项全新的实用技术。虚拟现实技术囊括计算机、电子信息、传真技术于一体，其基本实现方式是计算机模拟虚拟环境从而给人以环境沉浸感。参见：李良志. 虚拟现实技术及其应用探究 [J]. 中国科技纵横，2019（3）：30-31.

镜子的寓意
——网络社会与教育变革

2. 对象化的新形式

毋庸置疑的是，这种虚拟空间也是人们认识自己的一面"镜子"，而且是一面与传统现实非常不同的奇特的"镜子"，或者说，是一面虚拟的"镜子"。然而，沿着库利的"镜中我"理论，这面虚拟的"镜子"也同样是一面镜子，并且具有现实镜子的映照功能。它同样可以反映出个体的存在，可以让人们在其中看到自己的形象，看到自己在他人眼中的样子，进而揣测他人对自己的评价和看法。但是，这种虚拟的"镜子"与现实的镜子也是有所不同的，它为人的社会化或对象化创造了一种独特的场所和空间，也向人们认识自己、实现自我认同提出了新的挑战。从比较的角度可以发现，这面虚拟的"镜子"至少具有以下两个比较重要的特点。

第一，这面"镜子"具有一种对个人进行赋能的功能，它可以放大个体的力量，并且增强个体的主体性。我们可以发现，在这面虚拟空间的"镜子"中，人好像是有点变形和不协调，个体的头很大，眼睛瞪得溜圆，但四肢好像显得干瘦干瘦，甚至是有些退化。我想，脑袋大，眼睛圆，或许是因为在网络社会的虚拟空间中，个体能够通过各种非常简便的搜索引擎，获得比在现实空间中更多的信息与观念。他们可以知道更多的消息，了解更多的动态以及更广范围的变化。这些消息、动态与变化等成为人们主体性发展的重要资源，让个体能够更加独立自主地对事物进行判断，选择自己的立场和态度，也能够使个体具有更多的社会资本，进而有条件进行更加广泛的社会交往与市场交换。所以，在虚拟空间这面"镜子"里，个体的主体性得到了放大，他们很可能比在现实空间中具有更大的自由，能够产生更多的幻想，以及形成更大的欲望。而四肢瘦小，则很可能是由于在这种虚拟空间中，最重要的器官是人们的脑袋，而四肢的拳打脚踢似乎没有太大的用武之地。从某种意义上说，在这种虚拟空间中，个体的行为更多的是一种观念的行为，一种精神的活动，思维的体操，个体往往是一个思维的主体，其中，"思胜于行"很可能是个体行为的普遍性特征。

第二，这面"镜子"的映像并不是平面的，而是具有一种三维的结构，如同毕加索立体主义的绘画作品一样，能够折射出内在的个性，而不仅仅是外在的形象。由于在这种虚拟空间的"镜子"里缺乏非常刚性的规矩，其中也没有什么非常具体的行为规范，所以人们在这面"镜子"中往往可以天马行空、为所欲为，进而更加充分地表现和展示自己，包括自身非常内在的情感和愿望。因此，我们说，虚拟空间的"镜子"中呈现的形象，并不是平面的，而是三维的立体形象。毕加索在其艺术发展的立体主义时期以及后期的绘画作品的风格，抛弃了西方传统绘画的造型法则，画中没有情节、环境描写，只有几个面的结构，在不模仿客观物象的表面情况下，同时绘出一个物象的几个方面，并将拼贴方法引进绘画，形成了一种极端变形和夸张的艺术手法。虚拟"镜子"中映照出来的形象似乎也具有这样的特征。因为，在这面虚拟"镜子"中，个体常常会表现出某些内在的个性与想法，它们在平面的外表中是不会显现的，甚至是深藏不露的。由于这些个体的内在品性与他们的外在形象存在一定的差异，甚至可能是对立或者是不一致的，所以在"镜子"中也呈现出一种类似毕加索立体主义作品中的人物那样的变形或畸形。但是，应该承认的是，这种虚拟"镜子"中反映出来的个体的内在品性或形象或许是真的，甚至比现实的形象更真实地反映了个体的品性。当然，它们也可能具有一定的虚假性，表现出一种扭曲的样子。

问题在于，由于社会的"镜子"出现了这种破裂，以及这面虚拟的"镜子"与现实镜子如此不同，人们在这两种不同的"镜子"中看到的自我，以及这些映照出来的自我形象的差异和对立，又会给人们自我认同的实现途径与机制带来什么影响呢？或者说，网络社会中的自我认同又会出现什么新的挑战、形式和机遇呢？这种虚拟的"镜子"所代表的社会与客观的现实社会究竟是一种什么关系，进而对教育形成什么样的影响呢？这是网络社会中教育改革与发展不能不考虑的问题。

二
"分人"：自我的镜像

　　网络社会这面新"镜子"给教育带来的最主要的挑战就是自我认同的危机，这种危机的形成与一种所谓的"分人"现象有很大的关系。这种"分人"现象就是在网络社会中现实"镜子"与虚拟"镜子"中呈现的各种不同的"镜中我"，它是网络社会中一种非常重要的社会与文化现象，也是反映网络社会中教育的认同危机与挑战的重要特征之一。认识、分析和解释这种"分人"现象及其主要特征与现实基础，由此进一步认识现代信息技术的发展对教育尤其是对自我认同理论与机制的重大挑战，对于推动网络社会的文化建设与创新，进一步完善教育基本理论与实践，都是非常有意义的。

（一）何谓"分人"

1. 平野启一郎的小说

　　所谓"分人"，这里借用了日本现代作家平野启一郎在他的小说中描述现代社会中人的生存状态与心理矛盾的一个名词。他在 2017 年上海书展上曾经做了一个演讲，题目就是："我是谁：从个人到'分人'"。他发现，在网络社会里，由于网络世界与虚拟空间的存在，人们的自我分裂现象日益严重，以至于在日常的现实社会和网络的虚拟空间的人际交往中常常会呈现出非常不同的面目和形象。在这个过程中，本来作为一个完整同一的自我，却不得不在不同的空间和场合里，在面对不同的人的时候，变成不一样的自己，甚至是相互冲突的自我。这是网络社会中人的一种本质的烦恼与生存焦虑。当然，人的这种自我矛盾和内在冲突从欧洲浪漫主义时代就已经开始，而且一直是各个时代文化的共同主题，并愈演愈烈。那么，在现实社会和虚拟空间的人际交往和社会生活里出现的各种各样的不同的"我"的面目与形象，究竟是一种人的"演技"，还是一种"面具"，甚至是一种假象和"谎言"中的自己呢？根据这种思考，平野启一郎提出了"分人"的概念。他认为，在现实空间和虚拟空间的不同的人际交往和社会生活中，自我并不是戴着面具或者是进行某种虚假的表演，而是可以变成更小的概念，变成可分的"分人"。他甚至觉得，并不存在某种真实的个人，人只是在与不同人的交流过程中及在各种人际关系中的不同的"分人"，而所有的"分人"都是真正的自我。其实，这是一个非常典型的社会文化和教育学基本理论问题，即自我认同的问题。平野启一郎在他的另一部小说《最后的变身》中，就直接探讨了现代社会中的"身份认同"问题。按照他的描述，小说《最后的变身》中的主人公有一天突然无法去上班，丧失了社会属性，并陷入了和卡夫卡的小说《变形记》中的萨姆沙一样的境地。他由此反思自己以前在学校里开朗外向的表现，总觉得那不是"真正的自己"。为了看清"真正的自己"，他否定了自己的过去，觉得所有人际关系中的自己都只不过是一张演技肤浅的"假面具"，并决定不再去迎合别人，而是把自己关在孤独的房间里痛苦挣扎。但是，无论怎么思考，他也想不明白"真正的自己"究竟是什么。[①] 如果我们沿着平野启一郎的思路，对自己也进行这样的反思，那么在网络社会中，"我"自己是不是也有几个不同的"分人"呢？哪一个"分人"才是真正的"我"呢？这恰恰是最典型的自我认同中"我是谁"的问题。

2. 现实的"两面人"

其实，这种所谓的"分人"现象不只呈现在平野启一郎的作品或者日本社会中，也同样呈现在中国社会里。不过，这种"分人"现象在中国的现实社会里还有另一个带有贬义的名称——"两面人"。这种人的特点是：人前说人话，鬼前说鬼话；今天是一套，明天又是一套；言行不一，没有是非与原则。当然，在网络社会中出现的"两面人"，则并不完全是一种贬义，而是反映了现实世界与虚拟世界中的两个"镜中我"，反映出人在不同环境或"镜子"中的不同形象，其中当然也包括某些非常极端对立或反差强烈的现象。例如，有的人在现实"镜子"中是一个形象，显得一本正经，道貌岸然，正襟危坐，满口的之乎者也，满身的仁义道德；而在虚拟的"镜子"中，则是另一副模样，显得顽皮贼骨，信口雌黄，胡说八道。甚至在中国的某所大学里，也出现了这样的两面人。这样的两面人从外表上看可谓是十分光鲜，有着许多的头衔、荣誉、称号以及各种各样的奖励，而且在政治上表现得非常的积极上进，甚至获得了比其他同学更多的机会，包括保送到国家重点大学读研究生，等等。如果看看他自己给学校的汇报，那也是正能量满满，可以说，是一个令人羡慕的优秀青年。然而，就是这样一个看上去充满光环的学生，在网络空间中则完全表现出另外一副嘴脸和思想，完全没有一种国家的自尊心和民族的自豪感，甚至以一种挑衅性和低俗的语言，辱骂自己的同胞，

---

① 舒晋瑜. 平野启一郎：网络时代的"分人"和资本主义持续动荡时期的忧郁 [N]. 中华读书报，2017-09-13(18).

数典忘祖，丧失了一个中国大学生起码的道德准则和人格要求。就是这样一个人，能够在两个"镜子"中，判若两人，真的是值得我们关注。这也是一种"分人"现象。

当然，这种政治上的"两面人"是非常可鄙的。但在网络社会中的"镜子"里出现的"两面人"，却具有比较广泛的含义。不难发现，在现实生活中确实存在许多这样的人。他们并不具有政治上的投机意识，也没有什么刻意的狡狯，但在现实空间和虚拟空间中呈现出不同的形象和人格特征。在现实社会和空间中，由于各种客观条件的限制，他们常常表现为某种形象和特征；可是在网络世界的虚拟空间中，他们却呈现出与现实世界非常不同的另外一副模样，甚至是截然不同的、非常另类的一种形象。也许是由于网络世界的虚拟空间中没有太多的限制，或者说，这种虚拟空间中的"以太"与现实空间存在差异，人们在这里表现出另一个或多个不同的"分人"。可以说，这种状况已经不是个别的现象，而是网络社会中一种非常普遍的事实。

显然，这种"分人"现象是非常现实的。尽管那种极端恶劣的"两面人"只是少数，但在现实与虚拟两面"镜子"中出现的各种"分人"，以及出现人格矛盾和内心冲突的人，却有相当的普遍性。因为，在网络社会中，人们社会交往的对象、形式、内容与途径等都发生了非常大的变化与扩展，在这些不同的场合与环境中，特别是在现实空间和虚拟空间的不同环境中，面对不同的对象与问题，人们常常需要表现出各种不同的形象，甚至是非常矛盾和相反的特征。这些不同的"分人"都是真实的，也都是个体自我的体现。但由此在个人内心引起的人格冲突与自我分裂却是非常激烈和十分痛苦的，并且容易导致某种深层次的社会矛盾与冲突。这不仅是一个文学的主题，而且也是一个社会的主题，一个政治的主题，而更是一个非常典型的教育问题，即自我认同的实现机制在网络社会所面临的危机与挑战。显然，对于成长中的儿童与青少年学生，这种"分人"现象对他们自我认同的形成与发展的确是一个非常严峻的挑战。

（二）"分人"的含义与现实基础

1."分人"的实质

所谓自我认同，简单地说，就是自己对自身人格特征的一种比较稳定的认识，是自己对自己所思所做的一种认可感。[①]按照埃里克森的观点，青少年发展的一个重要特点就是对自己的反思和疑惑。在这个阶段，青少年往往会发现自己的思想、感觉和实际行为之间常常存在一定的差异；他们经常能够评判自己的个性和特点，将自己的这些个性与他人进行比较，进而发现彼此之间的不同；而且，他们在现实中常常还会发现，自己对世界的认识不仅与他人不一样，而且自己本身在不同的情况下也会出现差异，由此产生了一种对自己的疑惑：究竟我是谁，我的本质是什么？我是怎么样的人，我的个性、特长与能力如何？我自己究竟想做一个怎样的人，我的愿望和理想是什么？我的道德和价值观是什么？等等。这种自我认同的形成对青少年的成长具有非常重要的意义，甚至会影响其一生，因而也是文化与教育的基本问题与任务。因为，教育最重要的职能之一，并非仅仅是帮助和引导人们认识自然与社会，最根本的是认识自己。

平野启一郎所提出的"分人"现象，正是以文学的形式，指出了现代网络社会中自我认同面临的新困难与新挑战。这正是当代教育学理论与实践的一个难题。其实，我们不用过多地介绍平野启一郎的小说及他个人的体验，只要反躬自问：在现代网络社会中，我自己又有多少个"分我"呢？我们对自己又了解多少呢？我们难道能够十分清楚地知道自己是一个什么样的人

---

① SHAFFER D R, KIPP K.发展心理学：儿童与青少年：第八版 [M]. 邹泓，等译.北京：中国轻工业出版社，2009：449.

吗？而且，我们自己在现代信息技术所提供的网络世界和虚拟空间以及各种不同的场合与环境中又何尝不是表现为多个／种"分人"？我们自己不是也常常为自己的人格分裂而苦恼吗？这种普遍现象及其文化和教育学的意义与价值正反映了网络社会中的自我认同理论与实践需要一种新的模式和机制。

"分人"的出现与彼此之间的冲突，及其对自我认同理论和实践的挑战，当然是现代人与文化的一个重大关切与内在危机。但它也是教育学的一个基本问题，具有深远的历史渊源与社会基础。在传统农业社会向现代工业社会的转变过程中，由于物理生存空间的扩展，人们的社会交往与活动的范围和对象都大大增加，由此也使得个人的"分人"形象在数量和规模上不断拓展，彼此之间的差异、矛盾和冲突也逐渐加剧，由此形成的人格的分裂和冲突也越来越影响着社会生活。在工业社会向网络社会的转变过程中，由于信息技术、互联网以及虚拟空间的出现，使得这种分裂与冲突达到了一个新的更高的程度与水平。所以，充分认识"分人"现象的历史发展与现实社会基础，对于进一步完善或重建网络社会的自我认同是非常必要的。

2."分人"现象的过去与现在

首先，"分人"现象在传统农业社会向工业社会发展过程中发生了非常大的变化。我们可以发现，从农业社会到工业社会的发展，特别是通过蒸汽机等技术的发展与推动，人们的生存环境和条件发生了巨大的变化。在传统农业社会中，人们的生存环境是非常狭小的，往往只是在一个非常有限的物理空间里。在这样的生存环境中，人们的人际交往与生活范围非常有限，个体的自我认同也非常简单和容易。如果说那个时代也有"分人"现象，那么这种"分人"也是简单和为数很少的，由此个体的自我认同常常是很容易实现的。然而，在工业社会中，由于科学技术的发展以及由此带来的交通工具的发展和流动的便利，人们的生存空间也得到了极大的扩展；也使得人际交流的范围、类型与对象等都发生了前所未有的变化。显然，在这种新的空间

镜子的寓意
——网络社会与教育变革

与环境中，人与人之间的交流方式、频率与对象等都发生了几何量级的增加，个体表现与展示自己的机会越来越多，平台也越来越大，由此，个体的"分人"也出现了数量上的飞跃，各种各样的"分人"之间的差异更大了，甚至是相互矛盾和对立，由此也逐渐形成了人们的精神焦虑与自我分裂。近代社会以来的诸多文学作品和理论著作都从不同角度表现和反映了这个主题。

其次，在从工业社会向网络社会的发展过程中，特别是通过信息技术等新技术的发展，人们的生存环境与交往方式等出现了一系列新的变化。一方面，由于通信技术与手段的发展和创新，人们之间的交往更加频繁，方式更加多样化，内涵也日益丰富。如果说从农业社会到工业社会人们所获得扩大的是生存的物理空间，那么在从工业社会到网络社会的转变中，由于信息技术日新月异的发展，人们所获得扩大的则不仅是物理空间，而且还有虚拟空间。在这种虚拟空间中，传统意义上不在场的存在也获得了现实的价值，人们的思维空间也得到了无限的拓展，由此更是为人们相互交流以及表达和展现自己创造了各种新的可能性，也带来了很多问题，包括匿名化、虚拟化、多样化以及碎片化，等等。当然，正是在这种新的生存环境与虚拟空间中，"分人"的表现形式与数量规模都得到了进一步的拓展，并且呈现出越来越大的差异与冲突。这种新的状况甚至引发了更多的人格与精神分裂，甚至是越来越普遍的心理疾病。

应该非常明确地看到，从工业社会到网络社会的转变与虚拟空间的拓展，以及由此带来的自我生存方式的变化，对社会文化和教育模式的冲击，特别是对自我认同形成机制的影响，确实是革命性的。因为，这并非是单纯的现实空间的扩大，也并非仅是"分人"数量的增加，而是一种自我认同的对象化空间从现实空间到虚拟空间的转变，也是教育理论发展面临的一次非常重要的挑战与机遇。

实事求是地说，"分人"现象的这种变化是一种社会历史发展的必然，反映了人本身不断分化的客观规律。它意味着个体的生活世界越来越丰富，具有了越来越多的生存方式、交流方式与思维方式。而且，由这种分化引起的心理冲突也是社会发展的客观规律的反映。因为，社会发展与人本身的发展，正是一种从分化到冲突，进而通过适应达到新的整合的周而复始的过程，以及由此从简单走向复杂、从传统走向现代、从低级走向高级的过程。"分人"现象以及由此导致的各种精神焦虑、心理疾病与自我分裂等，正是人本身的发展处在新的分化，进而形成各种角色冲突的一种阶段性体现。按照发展的过程性规律，"分人"现象的发展则呼唤着一种新的自我认同的模式与思路，进而达到人自身的一种重新整合。而寻求这种新的适应模式与思路，帮助和引导人们合理地认识他们自己，实现自我统一，是网络社会中教育学及其自我认同理论与实践面临的挑战，也是网络社会中教育学理论建设的一个重要任务。

（三）"分人"与自我的迷失

网络社会中"分人"现象对教育的挑战，突出反映在个体成长过程中自我认同的实现机制与基础，即人们在网络社会的环境中如何认识自己。我们的教育如何能够对以往的自我认同理论与机制进行改革与创新，进而能够有效地帮助和引导青少年认识他们自己呢？网络社会中自我认同面临的挑战至少表现在两个方面。

1. "分人"与"本人"

在现实社会和网络世界的虚拟空间中，在自我这些众多的"分人"中或者背后，人们如何去认识其中自己的某种真正本质的、具有内在统一性的自我"本人"？或者说，人们怎样去寻求这些不同的"分人"与所谓具有本质性的自我"本人"之间的联系呢？

镜子的寓意
——网络社会与教育变革

从人的存在而言，追求自我的统一性是一种人性的要求，是人的一种"宿命"，也是教育最基本的价值所在。人生甚至就是一个不断去认识和证明自己是谁的过程。正如著名画家保罗·高更的名画《我们从哪里来？我们是谁？我们到哪里去？》所提出的所谓"人生三问"一样。这是人类不可逃避的"宿命"。因为，人本身，尤其是年轻人，在成长和发展的意义上只是一种可能性存在，即他们在成长和发展过程中有可能成为各种不同的人和社会角色。如果说这种可能性存在的特点过去只是年轻人的"专利"，那么随着社会发展和终身学习时代的到来，成年人的生存状态也具有了越来越多这种可能性的特点，他们也需要不断地调整和改变自己的生存方式与社会角色。如何在众多的可能性中进行选择，找到比较适合自己的可能性，则不得不对自己本身有所认识，知道自己是一个什么样的人，真正需要的和适合的是什么。这也正是现代社会自我认同的意义与重要性，也恰恰是现代教育最重要的价值。然而，实事求是地说，要在网络社会尤其是网络的虚拟空间里众多且充满矛盾与差异的"分人"中去进行科学的"聚类分析"或者"合并同类项"，则是非常困难的，力图在这些相互冲突和矛盾的"分人"中发现所谓具有本质的统一性的"真正的自己"，也许只能是顾此失彼。平野启一郎有一篇小说的题目叫作《无脸裸体群》，这个题目本身就直接反映了网络社会中人的一种生存状态。因为，人们在网络空间中常常就是一种匿名的，并没有暴露自己的真实面目，因而是"无脸"的；同时，由于这种匿名性，人们在网络上往往又可以毫无顾忌地发表各种观点与看法，赤裸裸地暴露自己的思想，因而是"裸体"的。就在这篇小说里，平野启一郎描写一个老实本分的地方中学女教师。她认为跟网站上认识的男友约会的自己，都不是"真正的自己"，只不过是表演出来的"虚假的自己"。但这种网络交往却成为她非常重要的生活方式。因为，虽然她在现实生活中只是与几个人有过短暂交往，却在网上得到了几万男性网友的热烈支持。然而，她始终分不清现实与网络中的哪一个自己才是"真正的自己"。

坦率地说，人是很难认识他/她自己的。而且，随着社会的发展与科技的进步，这种自我认识的难度越来越大，这甚至就是人生的一种悖论。因为，从哲学的本体论而言，人是一种非位置性的存在，他或她自己的整体形象永远在自己的视野之外。人必须通过一种对象化的方式去认识自己。通俗地说，他或她只能在参与外部世界的实践中，在社会交往的各种空间中去认识自己。而恰恰就是在社会实践范围的扩大与人际交往的空间持续拓展，特别是人的对象化空间出现断裂而分化成为现实空间与虚拟空间的过程中，个体不得不在这些活动中出现的各种不同的、越来越多的"分人"中去认识自己。因此，"分人"的数量增加与异质性程度的扩大，将直接关系教育中个体成长过程中的自我认同，尤其是对现实中自我认同的路径和机制形成了颠覆性的冲击。如何帮助和引导人们，尤其是青少年实现"自我认同"或"身份认同"，即认识他们自己，是当前文化建设的一个重大任务，也是教育的根本功能与责任。在传统和简单的现实社会中，由于生存空间的狭隘与有限性，以及生产活动与社会交往的简单化，自我认同和身份认同是比较容易和直接的。但是，在现代社会中，由于人们生存空间的扩大与人际交往的拓展，这种自我认同的实现遭遇了很大的挑战。英国著名社会学家安东尼·吉登斯非常明确地提出了现代性和个人认同之间的关联问题，并且撰写了《现代性与自我认同：现代晚期的自我与社会》一书，对传统自我认同的理论进行了批判性发展。他指出，在高度现代性的条件下，自我认同与全球化直接建立起了联系："由高度现代性所导入的时空分延的层次如此广阔，以致'自我'和'社会'在人类历史中首次在全球性背景下交互联结了。"① 在这种情境下，"联合与分裂"（unification versus fragmentation）成为自我的一个非常尖锐的困境。按照吉登斯的说法，"现代性是分裂同时也是联合。……就关涉自我的问题而言，联

---

① 吉登斯. 现代性与自我认同：现代晚期的自我与社会 [M]. 赵旭东，方文，译. 北京：生活·读书·新知三联书店，1998：35.

镜子的寓意
——网络社会与教育变革

合的问题所关涉的是，面对现代性所带来的强烈而广泛的变迁，来保护和重构对自我认同的叙述"①。"远方的事件可能变得很熟悉，或者比直接的影响更有冲击力，它也可能全融入到个人经验的框架中去了。"② 另一方面，"分裂"指的是"互动情境的差异化。在许多现代情境中，个体被带入到不同的遭遇与环境的多样性的场景中，每个场景都可能要求有不同的'得体的'行为方式。……个体拥有与各种不同的互动情境一样多的自我"③。其实，吉登斯所描述的正是新的社会所产生的"分人"现象及其特征。他所指出的就是现代社会自我认同理论与实践面临的挑战。为此，他认为，"现代性的反思性已经延伸到自我的核心部位，或者说，在后传统秩序的场景中，自我成为反思性投射"④，这也就是说，在现代社会中，个体的自我认同必须通过对自身的反思才能够得以实现。正如他所说的那样，"在现代性的情境下，变化的自我作为联结个人改变和社会变迁的反思过程的一部分，被探索和建构"⑤，而不再是像在传统社会中一样，经由仪式代代相传，或者通过某些在传统社会中具有决定性的外在权威，如通过老人或专家等的诉求而得到实现。换句话说，按照吉登斯的观点，现代社会的自我认同不能仅仅在外部世界的"镜子"中去发现和认识自己，而更应该在自我本身的反思性"镜子"中去发现和认识自己。

　　如果说吉登斯关于现代社会自我认同的理论讨论了传统社会向现代社会的转变，以及由此而发生的自我认同模式从外在诉求到反躬自问的变化，那么当现代社会向网络社会发展的时候，我们是否又应该重新建立起一种新的自我认同的机制和理论模式呢？

　　正如前面所指出的那样，在网络社会的网络空间中，由于生存空间与思维空间的无限扩大，以及从现实空间拓展到虚拟空间，人的本质的对象化也

---

① 吉登斯. 现代性与自我认同：现代晚期的自我与社会 [M]. 赵旭东，方文，译. 北京：生活·读书·新知三联书店，1998：222.

②③ 同①：223.

④⑤ 同①：35.

042

有了更多的途径与可能性，由此形成的反馈也越来越多样化。换句话说，如果按照库利的"镜中我"理论，现代网络社会及其网络空间中的这块"镜子"已经变得越来越大，越来越多样化，甚至出现了裂痕。每个人在这些各种各样的"镜子"中看到的自我也呈现出越来越不同甚至是彼此矛盾的形象。究竟哪一块"镜子"中反映出来的"我"才是真正的自己呢？或者究竟这些"镜子"中映照出来的各种各样的"我"的共性或同一性是什么？在这种背景中，教育帮助和引导人们实现人的自我认同将变得越来越困难。我们会发现自己的"分人"越来越多，越来越不一样，以至于它们本身也充满了差异，根本就很难从中找到某个真正的、具有同一性的自己或自我，教育不得不改变传统的实现自我认同的路径与方法，而学会采用新的路径与方法帮助和引导人们实现自我认同，包括对"自我认同"的内涵与形态的重新认识和定义。这正是网络社会中教育理论与实践面临的最重要的难题。中国的古话说，"人贵有自知之明"。如果我们的教育不能帮助和指导儿童和青少年学生认识他们自己，那这样的教育还有什么意义和价值呢？这就是网络社会中自我认同理论面临的挑战。而且，这是一个不能不正视和努力去解决的问题，是教育不可推卸的责任，也是社会发展和现实对教育提出的一种要求。

2."分人"与"他人"

网络社会中自我认同所面临的挑战，还表现在"分人"与"他人"的关系出现了新的特点。这种新的特点也进一步影响了自我认同的机制和实现途径，进而也使教育面临着新的挑战与改革的机遇。

如果说"分人"与"本人"之间的关系在网络社会的"镜子"中所面临的是一种特殊性与普遍性之间的关系，那么"分人"与"他人"之间的关系在网络社会的"镜子"中所呈现的新的矛盾与冲突，则是特殊性与特殊性之间的关系。这种关系也直接影响和制约了自我认同的实现机制与途径。当然，"分人"与"他人"的关系也直接影响了"分人"与"本人"的关系，甚至是

镜子的寓意

——网络社会与教育变革

后者的直接变量。因为，在网络社会的虚拟镜子里面，不同的"分人"实际上是通过"他人"的反应和看法而形成的。如同"镜中我"所显示的那样，每一个人通过在他人眼中和反应中看到的自己，而不断地得到对自己的认识，产生各种不同的"分人"。因此，当个体对自己各种不同的"分人"进行概括或聚类，或者按照信息科学的专业术语，进行"迭代"时，实际上是在发生着一种自我与他人的关系。而自我之所以能够在他人的"镜子"中发现自我的"本人"，则是因为自己与他人之间存在着一种内在的同一性，或者如中国传统格言所说的那样，"人同此心，心同此理"。所以，即使是吉登斯在现代社会对自我认同的新分析，也无论现代社会中的"镜子"本身发生了多么巨大的分化而形成各种各样的许多面"镜子"，它们之间仍然包含着"同心、同理"。但是，在网络社会的破裂的"镜子"里，特别是在现实镜子与虚拟镜子里，当自我不能在自己各种不同的"分人"中发现"本人"时，则意味着自我与他人之间一种想当然的"人同此心，心同此理"的假设出现了问题，或者说，传统意义上的"人同此心，心同此理"应该具有新的内涵，或者应当赋予它新的含义。这正是"分人"与"他人"对自我认同的影响。

当然，在讨论自我与他人的关系及其发展变化时，我们立刻能够想到的就是涂尔干的机械团结与有机团结的理论。按照涂尔干的理论，传统社会中的团结是通过自我与他人之间的同一性而实现的，由此形成社会的凝聚力。而在现代社会中，由于社会的分化和人本身的分化，特别是人的自主性与独立性越来越强，个体之间的差异也越来越大，整个社会呈现出一种多样化的格局。换句话说，社会的团结机制或者说社会的凝聚单纯依靠传统的同一性已经越来越困难，而必须寻求一种新的团结机制和凝聚力。为此，涂尔干提出了有机团结的新概念，即每个人作为一个独特的个体，既有特定独立性，又形成了对他人的依赖性，而正是这种个体的独特性及其对他人的依赖性，形成了新的凝聚力和社会团结机制。应该说，涂尔干的理论是非常有价值的，对解释传统社会向现代社会的变化中自我认同及其社会认同机制的转型是非常合理和现实的。但是，虚拟空间中的他人与现实空间中的他人的关系和涂尔干理论的社会背景又是不一样的，由此呈现的矛盾与关系也是有差别的。这种不同至少反映在以下两个方面。

第一，虚拟"镜子"中的他人也是分裂的。换句话说，即使是同一个他人，他或她在现实"镜子"与虚拟"镜子"中的表现与形象也是不同的。我们常常会感到困惑的是，有的人在现实中的样子与其在虚拟空间中的模样往往存在着非常大的差异。有些平时沉默寡言、不苟言笑的人，在网络空间中却表现得异常活跃，甚至是谈笑风生；有些人在现实环境中对某种现象的看法，却常常在虚拟空间中腔调全换；更有些人在日常生活中给人一种道貌岸然、彬彬有礼的形象，而在网络空间中则是信口雌黄。"键盘侠"就是一个很好的网络词汇，它指的就是部分在现实生活中胆小怕事、只在网上展现个人正义感的人；亦可衍生为指平时躲避社会群体，一旦脱离人群独自面对电脑敲键盘或用手机进行网络评论及聊天的时候，可以毫无顾忌地谈笑风生，对社会各个方面评头论足和吐槽的一类人。之所以会出现这种现象，是因为在虚拟空间中，他人本身也分化成为各种各样的"分人"。由此也给分人与他人的关系增加了更多的变数。在这种境遇中，究竟哪一个他人眼中的自我才是对方对自己的真正的看法和反应呢？自我又怎么能够去比较他人的不同"分人"中的自我形象呢？尤其是在这些反应和看法出现分歧甚至是矛盾的境遇下，自我又该如何进行整合，进而从其中找到和分析真正的自我呢？

第二，虚拟镜子中"分人"与"他人"的关系也是多样化的。这种"分人"与"他人"的关系在虚拟空间中的变数之一，就是彼此之间的交往范围越来越大，而相互的依赖关系变得更加松散。如果按照涂尔干的概念，现代社会的有机性程度呈现出降低的现象。一方面，由于网络中交往的门槛和成本都非常低，所以，我们可以发现，在网络社会中，人们的社会网络往往非常广泛，各种各样的"朋友"也特别多；另一方面，由于虚拟空间中人与人之间更多的是一种精神或观念的联系，而并不需要太多物资上的相互依存，

镜子的寓意
——网络社会与教育变革

人们之间的自主性和独立性越来越强，因此，人与人之间的交往和互动往往也显得非常表面化，很难成为以往那种真正推心置腹的"兄弟"。而这些现象，也都使得网络社会中自我在虚拟镜子中的形象呈现出非常不稳定甚至是随意性的现象和特征，进而也极大地影响了自我认同的实现途径与机制。当然，这种新的变化更是进一步增加了网络社会中自我认同的难度。

显然，在这种网络社会的虚拟空间中，"分人"与"本人"之间、"分人"与"他人"之间关系的变化与新的特征，以及由此构成的新的"镜子"，正是网络社会中教育所面临的重大挑战。因为，教育的重要任务和责任之一，就是要指导和帮助人们在这种"镜子"里认识自己，在诸多不同的反馈中认识真正的自我，在自己与他人的关系中找到真正的自己。

三
"分语"：语言的镜像

　　网络社会这面"镜子"的形态与特征是多种多样的，但不容置疑的是，"分语"是这面"镜子"最直接和生动的体现，甚至可以认为，"分语"本身就是这面"镜子"。如果说"分人"现象是网络社会中的自我个体出现了分裂，那么"分语"现象则是网络社会的话语体系或表意系统发生了断裂；如果说"分人"反映的是虚拟镜子中出现的人的分化，那么"分语"体现的则是虚拟镜子里关于"分人"及其生存方式的语言，即符号系统与解释系统的分化与断裂。其实，一个社会在特定历史时期的语言和符号系统，也就是这个社会的"镜子"的一种形态，而且是一种非常直观的形态。因为，我们需要运用语言和词汇去描述自我和人们的存在与生活方式，包括人的各种不同的行为方式，等等。而且，语言也是人们之间交往的基本形式与途径。而人们对语言和符号的使用，常常可以反映出他或她是一个什么样的人，包括不同性别、不同年龄、不同民族以及不同性格与个性的人。"分语"现象与"分人"现象具有非常紧密的内在关联，但也有它自己的特点与表现形态，由此形成的对人们自我认同的影响也是当前教育所面临的重要挑战与危机。

镜子的寓意
——网络社会与教育变革

（一）何谓"分语"？

所谓"分语"，指的是网络社会中符号系统或表意系统，包括社会文化中的词汇、语言、概念和表意符号等的分化及其由此所形成的差异、冲突与矛盾。"分语"现象也意味着社会知识体系的分裂以及知识的连续性的断裂，当然，由此也体现了社会这面"镜子"的破裂。如果说"分人"反映的是同一个自我可以拥有不同的表现方式，那么"分语"则是指同一个词汇或者符号，可以拥有不同的含义，或者可以组合成不同的含义。从另一个角度说，同样的词汇和符号，在现实空间和虚拟空间中，可能具有两种甚至更多非常不同的意思。也可以说，虚拟"镜子"中人们的形象与行为，以及人与人之间的交流等，已经有了另外一套描述方式、符号体系以及解释模式，或者说这些"分语"也就是"分人"的存在方式。而且，这些描述方式、符号系统与解释模式与现实社会或镜子中的体系是不同的，它们反映了网络社会的表意系统是断裂的。如果说按照索绪尔语言学的理论，所谓的能指与所指本身就存在着某种差异和不一致，或者说，社会的各种符号本身就存在着一种随意性的原则，那么网络社会中话语体系与表意系统的分化则使得这种差异和不一致出现了一些新的特征。这是现代网络社会中一种非常重要的社会与文化现象，对人们的自我认同具有十分重要的影响，成为网络社会中教育困境的重要特征之一。认识、分析和解释这种"分语"现象及其主要特征与现实基础，以及由此所反映的社会表意系统的断裂或非连续性，对于进一步认识"镜子"的裂痕，或者网络社会的发展对教育理论与实践的重大挑战以及自我认同的危机，是非常有意义的。

"分语"现象的表现形态是多种多样的，有时还会延伸到更加广泛的领域，出现各种各样的变形。但它最基本和最典型的表现方式之一，就是语言与词汇本身的分化与断裂。我自己就常常遇到这样的现象，在网络与各种新的社交媒体上，有些词汇往往是认识其中的字，但不知道它们的含义，望文生义而到头来则是南辕北辙。为此，我常常请教一些年轻的学生，他们则总是带着一种不无骄傲、略有一点神气的表情，说着"谢老师也知道这个呀！"，给我提供一些最时尚的解释及其比较典型的案例。而我的孩子在这个方面则是我最直接和方便的老师。在他们的帮助和启发下，我也不断地搜集了若干有代表性的、不同类型的网络语言与符号以及对话模式，下面是其中的若干例证。①

1. 网络词汇

所谓的网络词汇，指的是产生并运用于网络上的各种词汇。它具有多样化的形式，包括中英文字母、标点、符号、拼音、图标（图片）和文字等多种组合。这些词汇及其组合，往往在特定的群体和网络媒介传播中表达某种特殊的意义。其主要类型有如下几种。

第一，字母型。即用字母表达特定的含义，如：GG（哥哥）、JS（奸商）、PFPF（佩服佩服）、ZT（转贴）等，这类词汇通常是提取中文词组拼音的首字母，比较容易理解和识别，所以能够被广泛采用传播。与它相似的还有以英语词组缩写或变化而来的网络用语，如：GF（girl friend，女朋友）、PK（来源于网游中的"PlayerKilling"一词，挑战、对决、末位淘汰之意）。这类用语有很多也不符合英语语法规范，甚至是错误的，如：CU（see you，再见），但因其形式简单、输入便捷、表达内涵确切，在网络上有相当高的使用频率。

第二，数字型。即借助数字字符的谐音和寓意，将很多生活用语以数字组合的形式表达出来，写起来简单，看起来也一目了然，如：886（拜拜啦）、

---

① 以下材料出自许多关于网络词汇的文献和书刊，在此不一一说明。

9494（就是就是）等。一般情况下，10 个阿拉伯数字所指代的意思如下：0——你；1——一、意、你；2——爱、饿；3——生、想、深、真、散；4——思、输、是、死、子、世；5——我、往、呜、舞、苦、惟；6——啦、了、聊、老、溜、理；7——气、妻、亲、歉、去；8——拜、别、不、吧、帮；9——就、走、救、加、久。根据这种约定俗成的规定，很多丰富的内容都可以通过阿拉伯数字的不同排列组合来表达。

第三，混合型。即把字母、数字与文字、英语单词等根据需要分门别类混合在一起的模式，成为网络上一种非主流表达方式，如：幸福 ing（中文词与英语动词后缀组合，表示正在享受幸福的过程）、3q（数字与英语字母组合，谢谢你）、me2（me too，英语单词与数字组合，我也是）、＋U（运算符号与英文字母组合，加油），这种多种字符混杂的网络用语无疑不符合任何一种语言规范，甚至无章可循，但它是以简约为基础、以"看得懂，说得清"为目的的表达形式，使网民可以不必拘泥于传统语言语法的桎梏而自由发挥。

第四，词意变异型。在网络上，以文字、词组或英语单词等原生词衍变而来的谐音化用语相当普遍，变异后的网络词其表达的含义与字面原意已相差甚远，但它的流行程度和使用环境决定了多数网民不会产生歧义。这类网络词比较常用的如：粉丝——英语 fans 的音译，对某人或某物超级迷恋的人；果酱——过奖；稀饭——喜欢；斑竹（或板猪）——版主；腐竹——服主；群猪——群主；等等。谐音词的大量运用，克服了网络交流时文字的生硬和呆板，增加了文字的灵性，因此很受网民喜爱。除谐音词外，更多在传统语言中耳熟能详的词组也被赋予了新的含义，如"恐龙"指长得不漂亮的女性网民，词性贬义，与之相对的是"青蛙"，指长得丑的男性网民。

第五，图画型。由于电脑及手机等网络聊天设备不具有面对面交流时的情感同步功能，仅凭字符表达网民的情绪，难以达到完美的效果，利用键盘上的特殊符号组合形成有趣的人物表情，则较好地弥补了这一缺憾，如："（＾_＾）"——微笑；"（ ↗ ＾ ↘ ）"——愁眉苦脸；"：D"——张嘴大笑；等等。据调查，网络上比较流行的表情符号有近 200 个，都是网民模拟现实交流中的语境情态创造出来的，它们形象、生动，对受者的视觉刺激强烈而有效，理所当然地受到众多网民的追捧。这种图画型的网络语言是非常丰富的。根据英国学者戴维·克里斯特尔的研究，仅仅表示"笑脸"以及与此相关的图画语言就非常多，如以下专栏所示[①]。

"笑脸"的例子

基本"笑脸"符号

: -)	快乐、幽默等等
: - (	悲伤、不满
; -)	眨眼（表达所有眨眼所能表达的感情）
: - (: ~ - (	哭泣
%- (%-)	迷惑
: -0 8-0	震惊、惊奇
: -] : -[	讽刺、挖苦

带开玩笑的"笑脸"符号

[: -)	用户戴着随声听耳机
8-)	用户戴着眼镜
B: -)	用户把眼镜推到额头上
: -{ }	用户有八字胡
: *)	用户喝醉了
: -[	用户是一个吸血鬼
: -E	用户是一个长有獠牙的吸血鬼

---

① 克里斯特尔.语言与因特网 [M].郭贵春，刘全明，译.上海：上海科技教育出版社，2006：24.

镜子的寓意
——网络社会与教育变革

: -F	用户是一个长有獠牙的吸血鬼，但又掉了一颗牙
: -~	用户感冒了
: -@	用户正在高声尖叫
-: -)	用户是一个小朋克
-: - (	真正的朋克从来不笑
+-: -)	用户担当一个基督教教职
0: -)	用户是一个天使

"笑脸"符号组成的故事

: -) 8-) 8-{	佯装打扮，戴了副太阳镜，又安了副假胡子。
C: -) > [] C8-)	一个聪明的"笑脸"不会看太多的电视。

除此之外，还有所谓的词汇演变型、缩略型与扩张型，等等。这些新词的一个共同特点是，它们的字面含义与实际的含义已经有了很大的不同，甚至完全不一样。这些新词有些是在网络上专有的，有些则是在一部分年轻人之间流行的，许多中老年人常常不懂它们的含义与语境。但它们在某些特定的群体中却是非常通行的，尤其是在年轻人的圈子里，已经几乎成为常识。

2. 网络话语

所谓网络话语，指的是在网络中出现的各种各样能够反映某种社会关系的语句和会话。按照规范的语法，这些句式本身好像都是病句，特别是如果你不了解它们的"梗"，即它们的文化渊源，你就根本无法理解这些句式。当然，它们也表达了人们在网络空间中的语言形式和思维方式。

第一类是语句，例如：

没人牵手，我就揣兜。

我从不以强凌弱，我欺负他之前真不知道他比我弱。

都想抓住青春的尾巴，可惜青春是只壁虎。

哪里跌倒，哪里爬起，老是在那里跌倒，我怀疑那里有个坑！

小时候，我拿玩具当朋友。现在，朋友拿我当玩具。

我这人不太懂音乐，所以时而不靠谱，时而不着调。

旅行就是从自己待腻的地方到别人待腻的地方去。

站在痛苦之外规劝受苦的人，是件很容易的事。

如果你容不下我，说明不是你的心胸太狭小，就是我的人格太伟大。

当你做对的时候，没有人会记得；当你做错的时候，连呼吸都是错。

子曾经曰过：不要把我对你的容忍当成你不要脸的资本！

我都不好意思抓你了，你怎么还好意思偷呢？

不难发现，在这些句式中，往往存在着与人们已经习惯的形式逻辑不同的表达方式，包括某种与众不同的因果关系和相关关系，或者是故意利用形式逻辑的错误对日常生活进行调侃。然而，它们在网络空间中却是一种时尚，甚至代表了某种生存方式以及某种特定群体的文化标志。

第二类是对话。语句是一个方面，而另一个方面则是对话方式的变化，例如，非常流行的"抖音"就有它非常独特的套路，而且，它们都有自己的"梗"。例如：

你有打火机吗？没有啊！那你怎么点燃了我的心？你会弹吉他吗？不会啊！那你怎样拨动了我的心弦？

我感觉你今天怎么这么怪啊？（语气要认真）哪里怪了？怪好看的！！

你可以对我笑一下吗？为什么？我这杯咖啡忘放糖了！

美女，跟你问一下，那条路怎样走？哪条路？通往你内心的路。

你有地图吗？怎么了？我在你的眼睛里迷路了！

问你一个问题，你知道这个世界上最幸运的门是什么门吗？心门？错，是我们！

你跑得快吗？很快啊！那我追得到你吗？

镜子的寓意
——网络社会与教育变革

　　你爸爸是做什么的啊？嗯……怎么啦？你爸爸是不是小偷啊？不是啊？偷了最亮的星星放到了你的眼睛里。

　　目前，关于网络语言与符号的研究已经成了一个热点，关于网络语言与符号的文章与专著也纷纷发表和出版，为人们认识和了解网络语言的现状和发展提供了非常丰富的材料。[①]

　　显然，这种对话里，对话的逻辑已经发生了变化，如果按照传统的形式逻辑的理论分析，实际上已经发生了偷换概念的错误。然而，就是这样一种偷换概念的对话方式，却是非常流行，成为一种新的话语模式。

　　在这些网络语言中，除了汉语中原有词语的衍生外，大量的新兴字词参与其中，同时词义也发生了一些演变，或扩大或转移，或变化其情感色彩。这些词语都是新兴网络语言中的重要生力军，越来越多的英文字母和数字还有少量图形加入其中。无论是什么形式，它们都有一个共同的特点：即这些语言和符号的内涵与现实知识体系中的语言和符号的含义是非常不同的，甚至是风马牛不相及。如果仅仅从字面或表面上去理解，很可能是南辕北辙。正如有的人所说的那样，若不懂得这些词语，那就成了网络中的文盲——网盲了。由此可见，在网络社会里，同一个字、词或语句，已经具有了几种不同甚至是毫无联系、相互对立的含义。应该看到，网络社会或者网络空间中的这些新语言与符号都是网络社会"分语"现象的表现形式，并且给人们呈现出了一个与以往非常不同的文化现象。更重要的是，这些新的分语，或者新的表意系统和符号体系，已经开始在一定程度上对现代社会进行一种新的定义，也正在重新定义现代社会的教育环境和教育本身。所以，这种分语的出现及其对教育的影响是一个非常值得关注的文化现象。

---

　　① 殷兴利，叶进. 网络社会学词典 [M]. 兰州：甘肃人民出版社，2010. 其中介绍了大量网络的语言、词汇和符号，反映了分语的各种形态。

（二）似曾相识"燕"归来

"分语"现象其实并不是一件新鲜事，也不是网络社会的"专利"，在中国文化历史或社会转型时期，由于语言文字的分化和新的表意符号的出现而形成的传统知识与新式知识之间的矛盾和非连续性，也并非鲜见。让我们记忆犹新的至少有两件事，即 20 世纪中国汉字的繁简之争和文言文与白话文之间的纠结，以及它们对教育的影响。

1. 汉字的繁简之争

繁体字与简体字之间的冲突及相关争论，是一个非常典型的故事。而且，繁体字与简体字之间的笔墨官司也是一个非常有趣的"公案"。所谓的繁体字，"与简化字相对。指原来笔画较多，后经汉字简化，已有简化字代替的汉字，……繁体字都是由篆书、隶书演变来的楷书字"①。而所谓的简化字，"又称简体字，手头字。与繁体字相对。指经过简化的汉字"②。简化汉字的方法包括假借、形声、草书楷化、保留特征、保留轮廓、会意、符号代替、偏旁类推以及改用古字。虽然它们本身在学术上和历史上可以有各种非常专业的定义，但"广义的'简体字'和'繁体字'是指笔画相对少和相对多的字"③。而恰恰就是这种笔画多少不同的两种汉字，包含了十分丰富的含义，在现实生活和文化发展中，也引起了诸多的讨论和故事。这里，我们并不想详细叙述

---

① 高更生，谭德姿，王立廷 . 现代汉语知识大词典 [M]. 济南：山东教育出版社，1992：269.

② 同①：466.

③ 彭泽润 . "正体字、副体字"和"简体字、繁体字"——从"识正书简"和"识繁写简"看汉字规范 [J]. 北华大学学报（社会科学版），2009，10（5）：61–63.

其中的是非曲直，而仅仅希望通过这种繁简之争说明"分语"的意义。

显然，繁简之争看上去只是一种关于字体的取舍问题，但实际上它反映了社会的表意系统或话语体系的变化，体现了一种文化的传统与差异。在人类历史的发展中，特别是在文化变迁与社会发展中，文字的发展是其中一个非常重要的内容和部分。无论传说中的"伏羲画卦"，还是"仓颉造字"，无论是甲骨文记载的文字，还是秦始皇结束战国的纷争而实现天下一统以后提出的"书同文"，等等，我们都可以从中看到文字的变化与发展。这种变化和发展恰恰反映了社会和文化的变迁。然而，应该指出的是，文字的变化肯定不会是一帆风顺的，也必定存在着分歧与争论。从专业的角度，不同的专家当然可以从繁体字和简化字的角度，分别阐述各自的优点和缺点。而且，即使在今天，也有人提出了所谓并存的看法，认为可以在读与写的不同方面分别使用繁体字和简化字。然而，这里更加重要的是社会中文化的一种断裂。正如有的专家所指出的那样，现在的青少年已经完全习惯了简体字，他们"可能无法完全看懂某些中国历史题材的影视剧，因为其中关涉历史背景的文字不可能改为简化字。……可能无法自如有效地投入文化旅游活动。我国的大好河山，有不计其数的名胜古迹，那些殿宇楼阁、宫观寺庙中琳琅满目的楹联匾句，那些悬崖峭壁、巨石耸岩上丰富多彩的摩崖石刻，或许不少人无法认识其字，更无从欣赏、品味其意蕴深厚的思想内容"[①]。而在目前中国大陆十几亿人口中，简化字也已经是一种既成的事实，其正面效益与深远意义也不可小觑。甚至有的专家还直言不讳地认为，恢复繁体字可能会引起混乱。[②]

实际上，繁体字与简化字之间的讨论与争执，也就是一种不同分语之间的讨论与争执。这种繁体字与简化字之间争论的历程，也恰恰反映了社会文化的变迁和发展。通过汉字的繁简之争，我们还可以发现，大凡在社会变革

---

① 张善文. 古典文献研究与繁简字的思考 [J]. 闽江学院学报，2009，30（3）：68–69.

② 谢金良. 关于繁体字与简体字的若干思考 [J]. 闽江学院学报，2009，30（4）：48.

时期，或者是一个文化或社会转变时期，常常伴随着这种社会表意系统或话语体系的变化，并由此成为文化发展与变革的一个直接标志。这里，我并不想过多地赘述汉字繁简之争的具体过程与内容，但希望人们关注的是，汉字的繁简之争却与教育有着非常密切的关系。而且，这种变化及其争论常常对教育产生非常直接的影响。

从繁简之争的历史过程与各家不同看法之间的辩论中，我们可以肯定，无论是主张繁体字的人，或者是反对繁体字、主张简化字的人，无一不是拿教育说事。有的认为，恢复繁体字有利于教育中文化的传承，所以希望把繁体字加入小学生的课本中；也有人认为，繁体字会增加学生的学习负担，因而希望在教育中使用简化字。有人主张，学生在学习汉字时，应该在部首结构上效仿古字；有的学者认为，繁体字的笔画太多，不适于学术界与教育界；也有的学者认为，繁体字本身就是一种历史文化的传承，不应该简单地否定。主张简化字的一方认为，简化字符合文字发展的趋势，并不会影响历史文化的传承，同时也符合大多数老百姓的意愿，等等；而主张繁体字的一方则认为，简化字破坏了汉字的科学体系，没有繁体字内在形意结合的特点，同时，简化字也容易给人们阅读典籍带来麻烦，而且，简化字与扫盲之间并没有直接的关系，等等。当然，也有人主张把繁体字与简化字的使用结合或协调起来，或者是"识繁写简""识繁用简"，或者是"官繁民简"，等等①。而且，从繁简之争的历史过程中还可以发现，几乎每一次争执的关键点都与教育管理部门有关，特别是官方正式公布的各种各样的文件或者"字谱"与"字表"等。

显然，繁体字与简化字之争实际上也反映了文化的非连续性，关系到什么文字能够成为"强有力的文字"，而占据正统文化的地位。实际上，简体字与繁体字之间的分野与争论不也正是那个时代的文字的"分语"吗？而它们

---

① 刘靖文. 汉字简繁之争的由来及评析 [J]. 安庆师范学院学报（社会科学版），2009（10）：110.

之间的差异、冲突与矛盾不也正是反映了文化与语言的分化和发展吗？问题在于，随着社会发展与文化的不断丰富，社会文化的表意系统与话语体系本身不断分化，并形成了各种内在冲突与矛盾，这给我们的教育带来的是一种什么样的挑战，究竟会给儿童和青少年学生的自我认同带来什么样的挑战呢？

2. 文言文与白话文之辩

无独有偶，中国 20 世纪初文言文与白话文之间的争辩，与汉字的繁简之争一样，也是一个中国文化史上的公案。如果做一个简单的比较，21 世纪初社会表意系统或话语体系中出现的各种"分语"及非连续性，与当年白话文与文言文之间的争辩还的确有似曾相识之处。

所谓的文言文，指的是"汉语书面语言的一种。指'五四'以前以古汉语为基础的书面标准语。它建立在先秦口语的基础上，秦汉以前，它和口语基本一致；魏晋以后汉语口语发生了很大变化，文言逐渐脱离了与口语的联系，特别是唐宋以后，距离越来越大。在长期的封建社会里，文言占有汉语书面语言的正统地位"[①]。所谓的白话文，也是一种汉语的书面语，"以记录口语为主要特点，唐宋以来以北方话口语为基础而逐渐形成"[②]。白话文的历史可以追溯到唐宋元以后，当然，在"五四"新文化运动以后，白话文得到了更大的发展，逐渐成为现代汉语的语法规范。显然，白话文的出现和发展无疑是对传统文言文的冲击，它代表和反映了一种新的话语体系和表意系统，并且与文言文形成了文化上的非连续性和断裂。也正是由于两种文体在文化上的冲突，在 20 世纪初，便出现了一场文言文与白话文之间的争辩。新文化运动所倡导的"文学革命"的一个重要内容就是提倡用白话文反对旧文学的文言文。

---

① 高更生，谭德姿，王立廷.现代汉语知识大词典 [M].济南：山东教育出版社，1992：873.

② 唐作藩.中国语言文字学大辞典 [M].北京：中国大百科全书出版社，2007：13.

如果说中国文化史上的这次争辩常常被人们看作是一场文学领域的故事，而我则更多地关注其中的两个问题。首先是它与教育的紧密关系。实际上，关于文言文与白话文的争辩与讨论，一开始就与教育有着不解之缘。因为，20世纪初的这次讨论正是起源于当初小学教材中白话文的使用，包括后来中学教材也部分采用白话文的改革，以及由此引起的广泛影响。而当时一部分对中国传统文化有着深厚感情的学者，则对此表示反对，并且坚持在中小学教学中使用文言文。20世纪30年代关于文言文与白话文的讨论，就是围绕中小学教育而展开的。由此，各家不同观点的学者，包括一些非常有名的大学者都纷纷加入①，发表了各种不同的见解，形成了一次非常热闹的文化争鸣。而许多这样的讨论和争辩，都多多少少与教育有关②。即使到21世纪，关于文言文与白话文的讨论仍然脱不开与教育的干系。当然，文言文与白话文之争对教育的影响与中小学教材有非常直接的联系，但应该看到的是，它们之间的争辩已经远远超出了单纯教材的问题，而是关系到整个社会的表意系统和话语体系的结构问题。

其次，也是我要特别说明的，文言文与白话文之间的争辩其实就是一种"分语"现象。这种关于语言或话语方式的讨论尽管有一定的偶然性，但它们的出现与发生，也是一种文化发展的必然。虽然它们直接反映的是人们用什么话语形式去表达自己的意识或看法，或者说对哪一种话语方式的偏好，但实际上是体现了一种社会文化的表意系统或话语体系的分化及其结构性冲突。为此，有的学者不无忧虑地指出，"从文言文到白话文的变革，使得人们进行传统文化的学习时，面临着文言文与白话文的'断裂'。这种断裂反映到文化传统的学习上，那就是如果没有接受过系统文言文教育，只接受过白话文教育，对文言文理解难免会有缺陷，对文化传统的理解和把握就会受到局限。

---

① 刘继兴. 胡适与黄侃"斗法"[J]. 文史博览，2009（3）：70.

② 罗玉明. 20世纪30年代文言白话之争及其影响 [J]. 安徽史学，2004（5）：75-79，68.

更为重要的是，同样的字词在白话文语境中和在文言文语境中的意思有着诸多不同"①。如果我们比较网络社会中各种不同的网络语言或者话语，特别是这些网络语言或话语与人们现实生活中使用的各种语言或话语之间的冲突，这不就是一种现代版的"文言文与白话文之争"吗？它们与我们今天讨论的客观世界的知识和虚拟世界的知识之间的关系，难道不也有某种似曾相识的感觉吗？

其实，这并不是中国的特例，在世界上，每一次社会和科技变革，都会伴随着一场语言的争论。"几千年前，《圣经》的印刷版本代替了对《圣经》的口头解释，从而加剧了对宗教环境中本地语言运用的争论，这一争论在今天仍有影响。而当广播使千百万人听到某个声音时，立即引发了争论：应该使用什么标准作为正确发音的准则，怎样表达才能清晰、易于理解，是否允许使用地方口音和方言，这些发生在 20 世纪的争论在 21 世纪仍然激烈。"② 由此可见，"分语"现象不仅有它的历史必然性，而且也具有相当的普遍性。

（三）"分语"：一种生存方式

对于这些网络语言和符号，有的人认为没什么了不起，它们不过是一种年轻人的逆反表现，或者是一种青春期的离经叛道；有的人认为，这些怪里怪气的语言、句式以及花里胡哨的符号，只是昙花一现的文化现象，不足以大惊小怪，必然会被淘汰；也有的人看到这种现象，则是惊恐失色，视之为一种文化上的洪水猛兽，看成是一种对固有秩序的颠覆与侵犯；当然也还有

---

① 姜瑞云. 从文言文到白话文：评新文化运动中文学革命的得失 [J]. 语文建设，2015（8）：14.

② 克里斯特尔. 语言与因特网 [M]. 郭贵春，刘全明，译. 上海：上海科技教育出版社，2006：2.

人对于这些网络语言和符号视而不见，充耳不闻。实事求是地说，网络社会中这些新的语言和符号并不仅仅是一种新的交流工具，或者是表达方式，或者单纯是网民们的一种游戏人生，它们其实是一种非常重要的文化现象。从表面上看，它们反映了知识体系的变化，特别是知识体系中的不同表述方式与解释逻辑。从更深层次的角度去理解，我们就会发现，这种网络空间中的语言与符号作为网络社会中的"分语"现象，其实体现了网络社会中"镜子"的破裂，而这种"镜子"的破裂实际上反映了社会文化的表意系统的分化、断裂，甚至是人们生存方式的一种冲突和对立。

1. "分语"与人生

语言问题历来就是一个十分重要的文化现象和哲学问题。它过去被人们看成是一种表达思想的工具、进行交流的媒介以及描述自然与社会的方式，等等。但是，语言与符号绝不仅仅是这样一种工具，它本身一直就是人们的一种生存方式，或者说，语言本身就是人的存在，甚至就是社会的存在。在这个方面，著名哲学家海德格尔已经非常深刻地阐述了这个问题。他曾经将语言看作对现实存在的理解和解释，但他后来发现，其实语言并不仅仅是一种对现实世界的单纯描述，其本身就是存在的家园；到了他思想比较成熟的晚年，他更是超越了早年的观点，进而强调：语言是存在和思想的根据。这种思想的变化显示出海德格尔试图将现代的存在问题置换为语言问题。由此可见，海德格尔之所以关注语言，甚至将语言作为他的哲学的基础，最重要的原因之一就在于，他认为语言可以通达存在本身，为存在从而也为人提供居所。而语言在历史中的不同显现就是存在和人在历史中的不同显现。[①] 这里，需要特别注意的是，人与存在的关系模式已经发生了根本性的变化。如果传统社会中人们对存在或者自身本质的追问方式是"是什么"，进而导致了存在

---

① 贾未舟. 语言何以是存在的家? [J]. 长白学刊，2000（4）：35–37.

镜子的寓意

——网络社会与教育变革

与人本身的虚无化，那么在现代社会或者在海德格尔那里，人们对自身和存在的追问方式则变成了人和存在是"如何存在的"，由此也就使得语言不再仅仅是一种工具，而是存在本身及其活动形式。这正是网络社会的重要特点。而德里达则是喊出了"文本之外，一无所有"的观点。

我并不想在这里长篇大论地介绍和叙述抽象的哲学理论，但需要特别指出的是，语言的统一性是社会统一性的重要基础，而且，也是社会凝聚力的重要载体。在网络社会中，语言作为人的最基本的存在方式则是表现得越来越明显和重要。因此，网络空间中的新的语言与符号，作为一种网络社会的"分语"，已经非常鲜明地揭示了网络社会的知识体系的断裂，特别是社会的表意系统的断裂，以及整个社会的断裂。由此也体现了网络社会中人们生存方式的分裂。网络空间中的网民们已经形成了一种新的生存方式，或者说，网络空间已经成为他们的一种新的生存空间。这种网络空间中的生存方式与生存空间具有两个非常重要的特点。

第一，网络已成为人们生活的重要组成部分，而网络生活也逐渐成为人们的另一种生存方式。从形式上看，网络已经占用了人们大部分的生活时间，无论是在家里、工作单位，还是在闲暇时间里，甚至在路途上、饭桌上以及马桶上，他们也总是处在网络空间中，甚至是痴迷于网络和手机。恐怕传统的"三上"①的含义也得要有新的内涵了。包括我自己在内，经常会因为忘记了带手机，而仿佛掉了魂似的，显得六神无主、手足无措。我甚至问自己，难道手机对自己就如此重要吗？难道没了手机我就没法生活了吗？

从内容上看，网民们的传统生活方式已经发生了实质性的变化。他们的衣食住行基本上都可以通过网络来安排，包括购物、订餐、出行、阅读、看电视，甚至是生活的陪伴和精神的慰藉，等等。至于最现实的网络生存方式

---

① "三上"，即"马上""枕上""厕上"，参看欧阳修的《归田录》卷二："余平生所作文章，多在三上，乃马上、枕上、厕上也。盖惟此尤可以属思尔。"

之一，就是现实的货币交易已经基本上被网络支付所代替，人们已经可以身无分文而畅行千里，甚至是环球旅行。更加重要的是，网民们的精神生活已经被网络所占据，甚至逐渐形成了一种非常独特的网络空间的思维逻辑。英国学者戴维·克里斯特尔曾经描述某一个网民心目中的"虚拟社区"，这个网民说："对我来说，这是一个每天都要花费我多个小时的工作。从黎明之前到深夜，我时不时上网，正是这些不连续的几分钟汇成了每天的若干个小时。当我半夜醒来，或是烧的咖啡已煮沸，洗澡水溢出，或者是正在写文章，也或许是正在约见学生，我会冒险登录上因特网。有时，我前台做着某些工作，而后台仍保持与因特网相连。每天我都会有一两次长时间地连在因特网上，主要忙于急需实时处理的网上交流。但是我觉得这还不够。我的朋友、同事也有同感，希望能经常地待在网上，在办公室守着机器，或者是聊天，或者贪婪地盯着终端。虚拟社区就是这种行为，这种沉迷，以及它所表现出来的这种联系。有时它是实时的通信，而更多时候则是非同步的独自品味，仅在偶然之时才会对声音或实体交流有文字冲动。"① 其实，中国的网民又何尝不是如此呢？

第二，这种网络空间的生存方式已经为人们创造了新的生存空间与生活方式。首先，从名称上看，人们可以在网络空间中使用完全不同于现实社会的名字，有些名字非常怪诞，而且是难以想象；而社会上也已经根据不同的年龄段，将新一代的年轻人称为"网络的原住民"，中年人则是互联网的"移民"，而类似于我这样出生于 20 世纪 50 年代的人，则被嘲讽为是互联网的"难民"。其次，在网络空间中人们对网络社会的各种媒体与大量信息的选择，也逐渐形成了自己的特征。他们常常偏爱于新型的网络媒体，包括一些短平快的小视频，而对传统媒体则往往不屑一顾，以至于许多社会教育不能达到

---

① 克里斯特尔.语言与因特网 [M].郭贵春，刘全明，译.上海：上海科技教育出版社，2006：3.

其预期的效果。更有甚者，在网络空间中，人们也逐渐形成了自己非常独特的价值标准。他们在评价社会、他人和自己的各种现象、行为、事件以及进行价值判断和选择时，已经不再是听从长辈的建议或者是师长的引导，而常常是以网络空间传播的信息为依据。在网络空间中，人们往往都是根据自己的偏好，在各种各样的搜索引擎中选择一定的信息来构建自己的生活世界。

简言之，网络空间已经成为现实社会之外另一个同样真实的生活空间。这里，我可以给大家介绍一个国际上曾经红极一时的非常有名的网络游戏《第二人生》。它是由林登（Linden）实验室开发的，2003 年正式问世，它创造了一个 3D 的虚拟世界。在这个游戏所创造的虚拟世界中，人们在网络里相互沟通交流，体验不同的生活方式，甚至是从事各种各样的社会活动和商业活动，等等。根据有关研究者的介绍，某个国家的一位教师只花了不到 10 美元的注册费，通过虚拟的土地交易，在这个虚拟世界里赚取了上百万美元。而且，这个游戏所创造的虚拟世界研究已经成为一个巨大的虚拟经济体，大约有 10 亿美元的真实货币在其中的玩家之间流通。以为虚拟人物购买服装为例，每年都以 94% 的速度增长。而且，玩家们每天创造出超过 25 万件的虚拟产品，包括服饰、车辆、房屋、机器，等等。根据林登实验室 2009 年 9 月的消息，各类玩家在这个游戏所创造的虚拟世界里花费的时间超过 10 亿小时；玩家每次登陆都平均在游戏中停留 100 分钟。[①]而且这个项目在 2006 年末和 2007 年初曾经由于主流新闻媒体的报道而受到广泛的关注。这也反映了互联网世界中人们在虚拟世界中的一种新的生存方式。

由此可见，"分语"绝不仅仅是一种语言符号的形式，更体现了一种新的生存方式，而且，它也反映了当代社会人们生活方式的断裂与冲突。其实，自我认同需要回答的"我是谁"，以及"我"的个性与人格特征，都不能不通过"我"的生存方式，包括通过"我"的语言、表现形态以及说话方式等体

---

① 侯大银.3D 虚拟社区寻找"第二人生"[J].互联网周刊，2010（14）：46-48.

现出来。网络社会中各种"分语"现象的出现，则是直接和非常生动地揭示了网络世界里虚拟空间中的生活方式与现实空间中的生活方式的差异与断裂。这种"分语"正在成为网络社会中人们实现自我认同的重要途径。

2. 表意系统的失范

汉字的繁简之争以及 20 世纪初文言文与白话文之间的争论，实际上都反映了社会的知识体系或话语系统的非连续性，以及体现了社会转型过程中人们生存方式的变化。而网络社会中"分语"的出现，则是将矛盾、对立与断裂推到了一个新的阶段和境界。我们不难发现，网络社会中虚拟空间的知识与现实空间的知识或话语系统彼此之间的不连续性是如此强烈。而且，网络空间的语言与符号现象本身也是多样化的，它们之间也是不连续的、非逻辑的、戏谑化的。那些网民们，尤其是年轻人，不仅在网络空间中使用着与现实空间中非常不同的另一套语言和交流方式，而且他们自己也分化为不同的生活世界。例如，在网络世界中流行的"快手""B 站""抖音"等网站及其语言交流系统，都具有不同的风格与逻辑，其语言和符号也有着自己独特的含义，作为一种主观的创意，它们是一种只能在部分会意的网民中流行的限制型语言编码。应该清醒地看到，这种现象，已经对整个社会的文化，特别是社会的教育系统，形成了非常严峻的挑战，导致了社会表意系统或话语体系的断裂。这也就是"分语"对现实社会中自我认同实现机制最直接的挑战。

所谓的表意，指的是语言符号本身所具有的一种功能。一般而言，所谓的"表意文字"指的是"用象征性的图形或符号表示词或词素的文字"[①]。这种表意的功能是多方面的，包括社会交际的功能、叙述的功能、表达的功能，从语言最根本的意义上说，表意主要反映了人们在主观上应用某些语言符号

---

① 骈宇骞，王铁柱 . 语言文字词典 [M]. 北京：学苑出版社，1999：150.

镜子的寓意
——网络社会与教育变革

来表达对某些外部对象的认识、情感和理解[①]。一个社会的表意系统，则是指这些"语言符号不是杂乱无章的堆积物，它具有系统性，其组成部分处于一定的规律性的联系中，即它的各个要素、各种单位既互相对立、互相区别，又互相联系、互相制约，形成一个音义结合的系统"[②]。必须说明的是，这种表意及表意系统常常具有两个比较重要的特征。

首先是它的社会性。尽管文字或语言都具有它的表形功能、表意功能或表音功能，但表意作为一个文字学的概念，与文字或语言符号的表形或表音功能是不同的。如果说原始社会中古文字或语言符号往往更多地通过文字的形状去记录人们的生活，进行交流，正如传统社会的象形文字那样，那么文字的表意功能则意味着"用一种适当的符号来表现每个观念或每件事物"[③]。而汉字就是其中非常典型的表意文字之一。社会的运行需要有一套非常完整和协调的表意系统，包括语言文字和各种表意性的符号，也包括社会环境中的各种标识与各种不同的文本，进而为人们的生活提供便利。所以，一个社会的表意系统往往具有非常强的社会性。

其次是它的动态性。社会的表意符号和表意系统也是不断发展变化的。因为"哪怕一种语言的所有观念都有一个适当的有区别的符号去表示，这实际上是办不到的——这复杂的体系到了明天也就不够用了，因为它没法掌握住思想的无穷无尽的细微色彩并跟上它的永恒变化。一种完全固定的表意文字无异于一件禁锢思想的硬性大衣；思想不久就要打破它的束缚，甚至使它成为不能使用的碎片"[④]。

从某种意义上说，网络社会中的分语现象体现了社会表意系统的社会性和动态性。必须看到的是，在网络社会中，文本的概念具有了更加广泛的内涵与外延。据哥伦比亚大学刘禾教授的观点，文本的概念已经可以指涉世界

---

① 王铭玉.语言符号学 [M].北京：北京大学出版社，2015：35.

② 同①：34.

③④ 房德里耶斯.语言 [M].岑麒祥，叶蜚声，译.北京：商务印书馆，2012：376.

上的各种事物和现象。即使是一棵树、一顿饭、一件事等，都可以被看作一个文本。而语义的含义也就更加广泛。从这个意义上说，语言的表意系统的概念则显得更加重要。我们甚至可以认为，在网络社会中，社会的表意系统已经成为社会价值体系的重要基础，是社会秩序与文化的"立法者"。

"分语"通过自己的表现形式与话语逻辑，已经在某种程度上打乱了社会表意系统的连续性，甚至是形成了某种自成体系的虚拟空间中的表意系统或立法秩序。这也就给人们的自我认同和生存方式乃至于整个社会的文化与秩序造成了很大的麻烦。唐代诗人贺知章有一首非常著名的诗《回乡偶书》："少小离家老大回，乡音无改鬓毛衰。儿童相见不相识，笑问客从何处来。"其实，可能乡音没有改变，但它们的含义已经发生了变化。而且，人的形象也发生了变化，以至于小童都不认识他了。我自己也是一个小时候就离开家乡的人。尽管我仍然会讲家乡话，但由于离开家乡太久，已经不太习惯家乡的生活，包括环境和气候等。更加重要的是，虽然家乡话的口音仍然没有变，但说话或者话语的语调和逻辑已经悄然出现了差异。它已经不是一种自然而然的无意识行为，而仿佛是一种生硬甚至是有些刻意的表现，以至于让家乡的亲朋好友们感到非常别扭，别人听起来也非常不舒服。其实，这并非是语言的生分和疏离，而是生活方式的差异。因此，网络社会中"分语"的形成与发展，客观上已经对社会秩序和文化体系的连续性产生了一种现实的挑战，甚至它们本身已经初步形成了一种新的、能够与现实社会的表意系统分庭抗礼的虚拟空间的表意系统。到目前为止，这种虚拟空间的表意系统至少有以下两个尚不完全成熟的特征。

第一，限制性编码。

所谓"编码"，"一般指为表达某种意义提供语言形式或其他形式。在符号学中，指通过使用某些规则将信息编写成文本的过程。格里森和洛克伍德把从概念到语音的语言生成过程称作编码，把从语音到概念的过程称作解

——网络社会与教育变革

码"①。简言之，编码是信息从一种形式或格式转换为另一种形式的过程。这里所说的"编码"，正是现实社会中的语言与符号等表意形式，转换成为网络世界的虚拟空间中的表意形式的过程。所以，"分语"正是这样一种新的虚拟空间中的编码。与一般编码不同的是，这种网络世界中的虚拟空间的编码又是一种"限制性编码"。这里所谓的"限制性编码"，指的是一种有条件的编码，它的读识、使用与解释等都是有限制的，或者说并不是一般人所能够应用的，就像计算机的某种编码只有特殊的专业人员才能够理解。在文化领域里，这种"限制性编码"的限制性则具有另一种含义。虽然它的形式，或者它的单个的文字或符号，人们都不会感到陌生，但要真正理解它们的含义，却需要使用者彼此之间具有某种共同的文化基础，包括相近的年龄、相似的阅历、相关的角色，甚至是非常近距离的生活接触，以及对某些人生变故的理解，等等。在这种共同文化的基础上，他们能够对这些限制性编码产生一种不可言传只可意会的理解。而缺乏这种共同文化的人，在这种限制性编码面前，或者是望文生义，或者只能是望而却步，知难而退。

"分语"作为网络社会中的虚拟空间的"限制性编码"，所具有的形式以及特有的语言和符号，只有熟悉网络社会中的虚拟空间的人才能够真正理解和应用。而在网络社会中的虚拟空间之外的人，则不可能理解其中的含义。所以，"分语"所代表的"限制性编码"，其实质就是一种新的社会文化的表意系统，实际上体现了一种新的生活秩序。人们在网络社会的虚拟空间中可以有自己的交往形式，运用网络社会的虚拟空间之外的人所难以理解的话语和符号来表达自己的想法和思考，进而形成一种新的叙述风格。他们可以用这种"分语"来描述人们的生活世界，解读社会中的各种现象，赋予不同的人物和事件以新的意义，甚至形成一种新的社会凝聚力。然而，需要指出的是，"分语"的限制性，并不是一种单纯的年龄"代沟"，也绝不是所谓地域的差

---

① 语言学名词审定委员会.语言学名词2011[M].北京：商务印书馆，2011：19.

异，甚至也不能简单地理解为一种文化的不同。这种作为"限制性编码"的"分语"与现实性的语言或编码的差异，是一种虚拟空间与现实空间中表意系统的差异。它反映了传统社会中人们集体无意识的表意系统的断裂，或者说一种表意系统的连续性的中断与破坏。而限制性编码正是"分语"的一个十分重要的特征。

第二，扁平的结构。

如果说现实社会的话语表述具有一种非常明显的垂直型结构与权力关系，那么网络社会的虚拟空间中由"分语"组成的话语及其表意系统，在结构上则具有某种扁平的特征和话语上的公平性。显然，在网络社会的虚拟空间中，由于信息传播的门槛已经极大地降低了，信息的等级性程度也越来越弱化，与信息获得和控制相关的权力关系也发生了转型。在传统的现实社会中，能不能获得更多的信息，往往是一种社会地位的象征和权力大小的体现，而对信息的控制则也是社会治理和统治的一种非常重要的工具，由此形成一种非常明显的垂直型的权力结构和治理体系。而在网络社会的虚拟空间中，由于"分语"的力量与特征，信息分配和控制的传统模式以及管理方式已经发生了根本性的变化。过去只有身居高位的人才能够获得或者知晓的信息，或者某些具有特别地位的人才能及时掌握的信息，由于虚拟空间的特点，已经早早地"飞入寻常百姓家"了。即使是那些非常专门化的知识，那些常常被少数人垄断的技术等，也能够比较轻易地通过网络的搜索引擎而获得。现实社会的权威形象和模式正在发生着巨大的变化。人们对权威的态度也在发生着变化。

美国著名的结构功能主义的代表人物帕森斯提出了 AGIL 理论。在这个理论中，帕森斯把整个社会分成四个相互联系的功能系统，包括：适应，即具有适应功能的行为有机体系统；目标，具有目标达成的人格系统；整合，具有整合功能的社会系统；潜在模式维护，具有潜在模式维护的文化系统。在他看来，这四个系统之间是相互联系和互惠的。而且，整个社会都可以按照这种模式进行分析，不同层级上的社会组织或形态，都可以分解成这四个系统。值得关注的是，在这种社会结构功能的系统中，维护整个结构的稳定性的重要因素之一，则是其中信息的控制。因为，在帕森斯的 AGIL 理论中，四个子系统之间的联系与相互作用，在很大程度上依靠彼此之间信息的控制，通过对不同类型与等级信息的控制与分配，形成并维护着社会结构的稳定性。其中，文化系统在信息方面限制着社会系统，社会系统在信息方面控制着人格系统，人格系统在信息方面控制着有机体系统。例如，文化价值取向制约并限制着社会系统规范的变化范围；而当社会规范被理解为对行动者的期望时，就在人格系统中限制着行动者的动机和决策过程；同样，人格系统的这些特征，又制约着有机体的生物化学过程①。因此，行动系统之间的输入—输出关系是互惠的，系统之间交换着信息和能量。信息等级高的系统限制着低一层次系统的能量使用，与此同时，每个低层次的系统为较高层次系统的行动提供必要的条件和便利。然而，在网络社会的虚拟空间中，由于信息存在、传播与交流方式的变化，特别是"分语"的出现，传统社会中信息控制的等级结构也在发生着变化，即从过去垂直型的等级结构转变为扁平化的结构。这也就意味着在网络社会的虚拟空间中具有一种更加平等或者均衡化的社会控制结构。

当然，实事求是地说，这种"分语"的表述方式给人们的生存提供了一个更为广袤的空间，而且也是一个自由度更大的空间。这种新的表述方式与解读框架可以为人们的生活赋予更加丰富的意义与价值，而且还能够进一步彰显个体的主体意识与存在感。当然，这种"分语"及其表意系统在给人们带来新的生存惊喜的同时，也的确给人们带来了相当大的烦恼，特别是交流交往中的断裂。因为，当这种"分语"及其表意系统与现实社会的语言和表意系统发生碰撞时，人们会发现它们之间往往是不太和谐的，甚至是彼此冲

①　邓伟志.社会学辞典 [M].上海：上海辞书出版社，2009：70–71.

突的。而且，这种冲突甚至会导致文化交流与社会交往的矛盾，进一步增加社会发展和人们生存的成本。由此可见，网络社会中的"分语"现象，以及由此所反映的人们生存方式和文化的表意系统的变化，对网络社会中教育的自我认同具有非常大的影响。这种影响直接表现为教育的非连续性。

四
非连续性：教育的镜像

在网络社会这面镜子中，"分人"与"分语"的现象直接造成了教育的"非连续性"。这种非连续性也正是教育在网络社会中的镜像。尽管我们还不能完全简单地用"非连续性"来定义网络社会中的教育，但"非连续性"这个概念却非常形象地表达了网络社会尤其是在网络社会的虚拟空间中教育的一个重要特点。当然，这个极富时代感的词或概念，包含了极其丰富的内涵。如果说要对"非连续性"这个词或概念进行解读的话，那么其最为切近的意思莫过于在教育活动本身以及教育活动的各个要素之间出现了更大的不一致和分离，形成了更大的张力，或者是更加明显的矛盾冲突。因为，网络社会中现实空间与虚拟空间的分离与差异，以及由此产生的"分人"与"分语"，造成了教育领域一系列的非连续性，包括知识体系、学习活动、师生关系、教育影响、学校管理乃至教育目的等，而这些都给网络社会中教育的自我认同带来一系列变数，形成了新的困惑与挑战。

（一）"后真相"的世界

2016 年，牛津词典发布的"2016 年度英文词汇"为"后真相"（post-truth），意指"相对于情感及个人信念，客观事实对形成民意只有相对小的影响"。根据牛津词典的解释，"后真相"的初始含义是指"当真相被披露后"。美国《国家》杂志 1992 年在一篇针对海湾战争的文章中使用该词，并赋予"情绪的影响力超过事实"的语义，此后这一含义成为主流。英国的"脱欧"公投以及出乎大多数主流媒体预料的美国大选结果，都是"后真相"新含义的体现。据统计，这个词在这两次事件后使用量激增，在欧美国家成为流行词。[1]

在教育领域中，"后真相"也逐渐成为一个热门词。2017 年，我受邀参加在卡塔尔首都多哈举行的世界教育创新峰会（WISE），在会议的开幕式上，卡塔尔王妃在致辞中使用了"后真相的世界"这个词，而且，在她的致辞中，还把这个词扩展为"后事实的世界"（post-fact world）。无独有偶，美国哈佛大学的新任校长劳伦斯·巴考在他的就职演说中，针对高等教育所面临的新的形势和挑战，也明确提道："既然技术已经消解了编辑的功能，允许任何人发表自己对事件的观点，我们碎片化的媒体只能用力区隔开观点和事实。结果往往是不受理性或事实控制的谣言、幻想和情绪的疯狂扩散。"在他看来，"正是因为我们发现自己身处一个'后真相'的世界，强大的大学教育才更加必不可少"[2]。可以认为，"后真相的世界"这个词非常典型地反映了网络社会

---

① 夏文辉."后真相"：牛津词典 2016 年度词为啥是它？[EB/OL]. (2016-11-18)[2019-12-30]. http://www.xinhuanet.com/world/2016-11/18/c_129368227.htm.

② 巴考. 哈佛新校长劳伦斯·巴考就职演讲 [EB/OL]. (2018-11-04)[2020-03-01]. https://zhuanlan.zhihu.com/p/48505287.

镜子的寓意
——网络社会与教育变革

教育的非连续性。

众所周知，词汇与概念是反映世界变化与形势的重要形式，特别是体现人们生存方式的一种基本形式。大凡国际社会或者某些国家在一定历史时期的重要发展变化或者比较普遍性的趋势或潮流等，都能够通过这个历史时期比较流行和重要的词汇和概念反映出来。"后真相的世界"的概念，正是这样一个非常深刻地揭示了网络社会时代特征的词。同时，它也非常形象地反映了信息时代教育的重要特征，尤其是自我认同实现机制的非连续性。因为，这里所谓的"后真相"或者是"后事实"，反映的都是人们主观认识与客观世界的分离。而这也恰恰是"分人"和"分语"所揭示的人的存在及其表意系统的非连续性的含义。需要进一步说明的是，网络社会是一个高度选择和差异化的世界。在网络社会中，充满了比以往任何时代都丰富得多的海量信息。这些信息开拓了人们的眼界，拓展了人们的生活空间，也给人们带来了各种各样的选择机会。但是，它们也给社会和人们带来了以往不曾有过的麻烦。正是在这样一个网络社会的虚拟空间中，人们常常可以更加自由地根据自己的主观偏好，选择某些信息来构建自己的生活世界。非常遗憾的是，在网络社会的海量信息中，在虚拟空间的各种形象和符号里，也同样充斥着许多主观想象的信息，甚至是虚假的信息。当人们凭借自己的主观偏好去选择各种各样的信息时，信息的客观性往往就受到忽视，甚至是被遗忘。而如果这些根据主观偏好选择的信息包含了若干比较片面的甚至是不太真实的信息时，我们可以想象，不同个体根据他们自己的偏好选择不同的信息所构建的主观世界本身又有多大的可靠性呢？他们彼此之间所存在的差异有多大，以及这种主观的生活世界与真实的客观世界之间将存在多么大的差距呢？这就是所谓网络社会的碎片化现象，由此将形成现实生活和社会秩序的非连续性。这就是网络社会中教育的非连续性的现实基础，也是教育中自我认同的途径与实现机制的非连续性的现实基础。

（二）教育的非连续性

所谓教育的非连续性，指的是网络社会中教育活动本身及其各个因素在现实空间与虚拟空间中的不一致或者内在冲突。教育的非连续性反映了信息技术对教育活动中现实秩序和内在规律的挑战，表达了不同空间中教育活动的差异与矛盾以及它们相互之间的不和谐状态。这种非连续性在很大程度上正在"颠覆"着传统教育的规则与逻辑，当然，它也很可能为教育发展提供了新的空间与机会。简单地说，网络社会中教育的非连续性主要表现在以下几个方面。

（1）知识的非连续性。

所谓知识的非连续性，指的是现实社会的知识与网络世界里虚拟空间中的知识之间的不和谐或不一致现象。这种知识的非连续性能够直接影响和扰乱教育的秩序，破坏自我认同的实现机制。

人类认识的进步与科学技术的发展所引起的知识的非连续性并不是一件新鲜事。但网络社会中知识的这种非连续性又是一个新的现象与表现形式。早在1859年，英国社会学家斯宾塞就曾经在《维斯特明斯特评论》杂志上发表了一篇非常著名的文章《什么知识最有价值》，认为教育的目的就是要为将来完美的生活做准备，进而讨论了什么知识最有价值的问题。斯宾塞非常明确地指出，所有知识都是有价值的，但它们的价值是不同的。他在《教育论》中第一部分"什么知识最有价值"中非常明确地说道："必须记住我们学习的时间是有限的。……我们应该力求把我们所有的时间用去做最有益的事情。在花许多年月去学习趋时尚凭爱好的科目以前，去十分审慎地衡量一下结果的价值，再比较一下这些年月如果用在其他方面会有什么不同的结果，有些什么价值，肯定是件聪明的事。"① 所以，在斯宾塞看来，"这是一切教育问题中的重要问题"②。那什么是真正最有价值的知识呢？斯宾塞的回答是"完美的生活"。他说："怎样运用我们的一切能力使对己对人最为有益，怎样去完满地生活？这个既是我们需要学的大事，当然也是教育中应当教的大事。"③可以说，这个话题一直沿袭到今天，成为教育特别是课程建设中的根本问题。因为，教育作为人类文明和文化知识的重要传承方式，本身有一个在文化发展中对历史和社会中各种知识进行选择，去粗取精，去伪存真，并且加以整理、系统化的过程。而且，在知识汗牛充栋的网络社会，这种筛选显得更加重要。但我们也不能不承认，在网络社会知识发展的新的格局中，特别是在知识的分化过程中，这样的选择已经是越来越难了。

其实，关于知识的价值问题并非斯宾塞说的那么简单。因为，社会中的人们对知识价值的看法和评价往往是不同的。这些不同的看法与评价常常会由于社会的不同阶层和人们的不同社会地位而获得不同的影响力。换句话说，占有支配地位或者优势地位的人们和阶层，往往有权力将他们对知识的价值观，作为整个社会和教育中评价知识价值的标准，以至于将什么知识最有价值，转变成为什么人的知识最有价值的问题。这也就是所谓的"文化霸权"的现象和理论。意大利著名学者安东尼奥·葛兰西继承了前人关于文化霸权的理论，继而又用这个理论来描述社会各个阶级之间的支配关系。当然，这种意识形态方面的支配或统治关系并不局限于直接的政治控制，而是试图成为更为普遍性的支配，包括特定的认识世界、人类特性及关系的方式。而教育也是其中一个非常重要的领域。需要指出的是，教育领域，尤其是知识问题，是这种文化霸权中非常重要的内涵之一。因为，当社会的优势阶层和支

---

① 斯宾塞. 斯宾塞教育论著选 [M]. 胡毅，王承绪，译. 北京：人民教育出版社，2005：10–11.

②③ 同①：11.

配群体把他们自己对知识的价值观，通过某种合法的机制转化成为整个社会和教育知识的价值观时，则能够非常有效地实施和维护他们的地位。虽然在这个过程中也仍然存在知识的不同价值观之间的斗争、沟通、协商，甚至是妥协，但不容否定的是，社会和教育领域中知识的价值标准已经开始出现了裂痕，知识的价值系统已经出现了分化和非连续性。这种裂痕和非连续性已经给教育带来了新的挑战，也给人们的自我认同造成了新的麻烦与困惑。不难发现，在这种知识及其价值观的分化中，知识的客观性已经遭遇了危机，知识价值的主观性与客观性之间的冲突以及引发的困惑已经频频地表现在现实的教育活动中。究竟什么样的知识才是真正有价值的知识呢？"我"究竟应该相信和学习什么样的知识呢？究竟谁能够有资格来评判我们的学习及其结果是否有效呢？

值得关注的是，教育活动中知识价值体系的这种裂痕和非连续性在网络社会中达到了一个新的阶段，并且出现了某些新的特点。如果说葛兰西的"文化霸权"理论揭示了知识价值链中主观性与客观性之间的冲突和裂痕，那么网络社会的发展所带来的则是现实空间的知识与虚拟空间的知识之间的非连续性。而且，这种非连续性将传统意义上知识价值的问题发展到了一个新的层次，并且赋予了新的含义。

第一，现实空间的知识与虚拟空间的知识的价值评价问题，显然是网络社会中教育必须正视的问题。如果我们回到斯宾塞的话题，我们仍然可以问：哪个空间中的知识是更有价值的知识？随着网络社会的发展，尤其是虚拟空间的不断扩张，我们的教育究竟应该选择什么样的知识？或者说，哪种知识能够真正为人们在网络社会中提供更加完美的生活呢？对此，我们至少在目前尚没有完全的共识。

第二，现实空间的知识与虚拟空间的知识之间相互联系与融合的机制是什么？不难发现，现实空间与虚拟空间中知识存在、活动、传播乃至生产的机制是不同的，它们之间的非连续性已经成为当前教育中的一个根本性问题。

如何弥合现实空间与虚拟空间之间知识的非连续性呢？它们之间的结合机制是什么呢？人当然可以同时生活在两个不同的空间中，但这样两个空间的因素必须在一个人的生活中很好地结合起来，否则这个人的人生将是一种撕裂的人生。我们的教育活动应该覆盖这两个空间的知识，而教育的秩序也必须协调两种空间中的知识活动。

可以想象，在这种非连续的教育活动中，人们自我认同的实现途径与机制也是非连续的，不仅在现实空间中是非连续的，而且在虚拟空间中也是非连续的。由此，自我是很难实现自我认同的，他们也很难真正知道"我是谁"。

（2）学习的非连续性。

所谓学习的非连续性，指的是学习活动的时间、空间、工具、方法以及学习机制之间的不一致或者彼此矛盾的现象。这里，特别需要指出的是，人们常常将学习看成一种单纯刺激／反应的过程，或者仅仅是一种获得新知识的活动。其实不然。学习必须是一个连续的过程。根据《格林伍德教育词典》的定义，"学习是一个心理过程，在这个过程中，作为一种经验的结果，人们的知识和行为发生着持续的变化。学习的过程受到了学习者的哲学、心理、社会文化以及他们的动机的影响"[1]。《牛津教育词典》中关于学习的定义则认为："学习，而不是教，是教育的核心目的。这种学习通常被认为是人们行为、技能的知识层面，以及理解方面的一种变化。这种变化是长期持续的和永久性的，它是通过经验，而不是年龄的增长而获得的。"[2] 而《劳德里奇国际教育百科全书》也认为："学习是生命有机体获得永久性机能变化的过程，它并不能单纯归结为人的生物学的成熟或者年龄的增长。"[3] 这里，我们可以发现，在

---

[1] COLLINS J W, O' BREIN N P. The Greenwood Dictionary of Education[M]. London：Greenwood Press，2003：201.

[2] WALLACE S. Oxford Dictionary of Education[M]. Oxford：Oxford University Press，2008：157.

[3] MCCULLOCH G, CROOK D. The Routledge International Encyclopedia of Education[M]. London：Routledge，2008：348.

这些比较权威的教育工具书中，学习都与某种必要条件联系在一起，即持续性和持久性，真正的学习是要达到和实现人的内在素质与能力的持续的和持久的变化，即学习具有连续性。显然，这样的变化需要学习活动本身的持续性与整体性。而正规学校教育的组织化程度与特征，正是与学习的这种基本特征联系在一起的；学校教育的价值与意义之一正是它能够从组织的角度提供这种学习所要求的连续性。

然而，在网络社会中，特别是在通过互联网而发展的慕课及各种形式的网络学习或者在线学习的形式中，学习活动所要求的这种连续性却发生了变化。当然，在线学习具有灵活性、随时性、随地性以及随意性等优势，可以为人们提供更加便利的学习机会。但不容忽视的是，在线学习的这些优点也恰恰是它的"软肋"，甚至是问题所在，因为正是这些优势暴露了在线学习的非连续性。不难发现，绝大部分使用慕课的人都是在闲暇时间学习；而所谓的"闲暇时间"意味着时间的不确定性，反映了学习的非连续性。由此，学习变成了一种"快餐"式的活动，甚至成为一种将有关的知识从网络上搬到自己大脑中的"机械式"的搬运活动。也正因为这样，在线学习往往很难取得预期的效果。根据有关研究的调查，虚拟空间中网络学习的这种非连续性在现实中至少表现在两个方面。

第一，"注册人数多，完成人数少"的问题。宾夕法尼亚大学研究生院对他们在 Coursera 上的 16 门课程做了课程完成率的统计，只有 4% 的人真正完成了课程学习；本次统计的抽样人群为注册了宾夕法尼亚大学课程的 100 万 Coursera 用户，统计的课程包括"微积分""希腊和罗马神话""药物学"等多个领域的课程。

第二，劳动力市场认可的问题。edX 在参与加州大学伯克利分校两门计算机在线课程的学生中挑选出 868 名优秀学生，基于他们优异的课程表现和突出的技能水平，把他们推荐给世界一流的科技公司，如谷歌、亚马逊、

SAP 等。结果如何呢？最终的结果是没有一人得到录用。[①]

显然，这些现象反映了在线教育发展中两个非常关键的问题，即学生学习的可持续性问题，以及劳动力市场和社会对在线教育或慕课的信任问题。应该看到，在线教育或慕课发展过程中出现的这些现象并不是偶然的。它们恰恰反映了现实社会对网络教育的一种态度。它至少表明，在线教育或慕课中学习的非连续性或随意性，已经成为它们发展过程中面临的一个十分现实的挑战。而且，它们也非常清楚地表明，现实社会更加信任学校中面对面教育的可靠性，因而也体现了网络学习活动与现实学习活动之间的非连续性。显然，在线学习的这种随意性并不符合学习活动的内在规律。任何形式的学习活动都应该具有时空的连续性，即无论何时何地的学习，都应该是连续的，而不能仅仅是零散的、碎片化的。同时，学习的机制也应该注重学习者经验的连续性，即不同学习阶段、不同学习层次以及不同学习内容（包括直接经验与间接经验）之间的连续性，而不能是缺乏联系的。更重要的是，人们的学习活动应该具有一种反思的连续性，即认知活动与元认知活动之间要有内在联系，而不能仅仅是接受性的。

这种面对面学习与在线学习的非连续性，客观上呈现出人们自我认同机制中的两种社会化途径的分离与断裂。实际上，在网络社会中，两种非常现实的因素客观上构成了对学校教育的挑战。其一，由于信息技术的发展和网络的便利，学生可以通过各种非常先进的搜索引擎，通过网络从学校和课堂之外获得和学到更多的知识，掌握现代社会所需要的技能；其二，由于网络社会中虚拟空间的"分语"现象的发展，传统知识的系统性发生了断裂，甚至出现了对立。学校课程中的知识与网络中的知识之间出现了隔阂与错位。学校正规课程中的知识无疑仍然具有一种现实的价值，尤其是在应试教育中是不可替代的。而那些网络中的知识，包括各种各样的流行语和日常知识，

---

① 王立国，窦艳辉. MOOC 起源及快速发展 [J]. 软件导刊（教育技术），2014（7）：57–60.

却正在得到越来越多的学生的青睐和认同。学生们为了获得文凭，不得不学习和掌握教师在课堂上讲授的知识，而在现实中，他们所推崇的往往是网络中那些非常时髦的生存方式，以及可以让他们得到同辈群体认可的网络文化。"以电影为例，电影学院教授学生电影乃独立的艺术形式，有其本体论，要定义什么是真电影，什么不是，要研究类型片或者艺术片之类。而电视剧、网剧、视频短片等都算不上标准的电影。但网络时代，观众根据自己的口味欣赏网络视频、网络电影、网剧等，不但有线电视网斥巨资制作豪华电影，连亚马逊也有自己的团队制作电影和各种影像作品，定义什么是真电影与现实既无关也无聊。"[1] 而学生对网络中的各种知识则是表现出越来越大的兴趣。试想之，在这种情况下，且不说学校的消亡，我们的教师如果还能够得到学生的尊重和敬佩，那才真是奇了怪啦！不难想象的是，当网络社会不断地拓展人们生存的虚拟空间，并且在人们的日常生活中获得越来越重要的地位，成为人们定义自己的重要参考和方式时，它们在客观的现实社会中却得不到承认，或者与现实空间中的自我定义形成矛盾和冲突，人们又如何能够清楚自己究竟应该到哪一个世界或空间中去发现和认识真正的"我"呢？

（3）师生关系的非连续性。

所谓师生关系的非连续性，指的是在网络社会中昔日良好的师生关系出现了一定的问题，两者之间关系的性质发生了某种变异，形成一定的隔阂。这种非连续性不仅严重地损害着教师的尊严与地位，而且对学生自我认同的实现常常具有一种非常直接的影响，并且导致了教学质量的下滑。

本来，友好的师生关系是中国教育最重要的传统优势和特色之一，师生关系的融洽，特别是学生对教师的尊重和爱戴，也得到了国外学者和老师的充分认可，而且也常常让西方教师羡慕不已。我曾经询问澳大利亚的一位教

---

① 戴锦华，王炎. 大众的解体与分众的浮现：网络时代的人文学（上）[N]. 中华读书报，2018-08-29(17).

镜子的寓意
——网络社会与教育变革

授，在西方教师看来，中国教育最重要的特色是什么？他的回答就是师生关系的融洽和学生对老师的尊敬。坦率地说，在我从学和从教的几十年里，这种教师的尊严和比较融洽的师生关系也是让我享受教育最重要的因素。正如我的母亲——一位老教师——在鼓励我从事教育事业时所说的那样，学生对教师的尊重，是一种真正发自内心的尊重。然而，这种传统和优势近年来却出现了问题。尽管这种体现中国教育传统优势和特色的师生关系整体上仍然是健康的，但在某些地方却正发生着一种非常可怕的变化。例如，有的研究反映，"目前我国中小学师生关系的现状却令人担忧，出现了某些师生关系扭曲异化的现象，如情感淡漠、互不尊重、亵渎生命等"[①]；而我国发达地区的某城市的调查虽然从总体上正面肯定了师生关系，但也以一种"毋庸置疑"的方式指出了师生关系存在的问题，包括"师生心理距离较远，师生缺乏感情与心灵的沟通，教师工作作风不够民主，教育方式方法简单、武断，表现在对教学和评价的单一性；教师专业意识亟待树立，教师过于重视学生智育，教育合力形成渠道不够通畅；物质利益维系师生关系的不正常现象日趋突出，造成学生的抵触与对抗"[②]。师生关系还表现出以下特征：第一，中小学师生关系表现日趋冷漠化与麻木化；第二，中小学师生关系表现日趋对立化和紧张化；第三，中小学师生关系表现日趋功利化和世俗化。[③] 其实，这种师生关系的紧张与变化，又岂止发生在基础教育领域，在高等教育中，师生关系也出现了许多令人感慨的现象。如果说教育经费的短缺和教育体制的弊端等妨碍了教育的发展和质量的提高，而这种师生关系的非连续性可能是更大的麻烦。某些地方和学校师生关系中出现的问题，甚至是一些比较极端的事件，包括

---

① 彭杰.中小学师生关系扭曲变异的现实透视与理性诉求[J].教师教育学报，2015，2（4）：42.

② 侯一波.新形势下中小学师生关系存在的问题及对策——以江苏省淮安市为例[J].中国教育学刊，2013（S3）：39.

③ 同②：39-40.

网络和媒体上传播的各种关于师生矛盾的报道，是不是意味着中国教育正在失去自己的传统优势？"一日为师，终身为父"的箴言及其内涵是否也在发生变化呢？尽管这些事件中存在各种各样的原因，但网络社会中"分人"与"分语"的影响恐怕也"难逃其咎"。

我实在不敢说，中国的某些教师身上是否也存在平野启一郎的小说中描写的那位中学女教师的现象。但我敢说的是，由于网络社会和互联网技术为教师的发展提供了更大的空间和可能性，中国的某些教师本身也发生了比较大的分化，他们自己扮演着各种不同的角色，具有了多个"分人"的身份，由此也产生了强烈的角色冲突与内心焦虑。这里，我很难非常详细地去描述某些教师身上这些"分人"的形象与特征，也不愿意将这些教师的角色冲突和内心焦虑简单地归结为个人的原因。我只是认为，教师本身各种各样"分人"的出现及其角色冲突必然会影响师生关系，甚至导致师生关系的变异。

从历史上看，教师的身份经历了由多样性到统一性的变化。从中国历史上大量教育文献中可以非常清楚地看到，教师的身份最初常常是非常多样化的，有的是私塾中的"师爷"，有的是某些官府的"幕僚"，有的是权贵的"门客"，或者是诸子百家中某一个流派的学者或者代言人，等等，他们并不能得到社会普遍的尊重，也没有各种各样的美誉。即便是孔子那样的圣人，也不得不常常"流离失所"。这样的教师身份根本不能得到整个社会的认可，也缺乏一种道义上的普遍性和尊严。后来，随着儒家学说在社会文化中的地位不断提高，以至于达到了一种"独尊"的程度，特别是韩愈提出了"原道"学说，以传授儒家学说为主的教师开始逐渐获得了文化道统的代表的崇高地位，由此具有了统一性。这种统一性使教师具有了"天地君亲师"的地位，获得了"师道尊严"的地位，以至于被赞誉为"人类灵魂的工程师"，以及各种各样十分崇高的称号，进而获得了社会和学生的尊重与爱戴。这种教师身份的统一性就在于他们代表了中国的文化传统和理想信念，是"道"的化身和具体体现，是社会和民族中理想人格的象征，代表了人们对未来的一种向往和追求。正如唐代著名思想家韩愈所说的那样，教师最根本的任务是"传道"。而儒家最重要的贡献之一则是将教育的文化传承上升到了道统的地位。更加重要的是，在中国的文化传统中，统治者应通过教导人民而治理国家的独特信念，在一定程度上已经成为社会的基本意识，而教师的"师道"地位与"传道"职能正由此而来。[①] 实际上，许多师范大学校训中所倡导的"身正为范"的"正"，讲的就是这种理想信念和完美人格。所以，学生对教师的尊重和爱戴，并非仅仅是对教师个人的尊重和爱戴，也是对教师所代表和体现的这种文化道统与理想信念的尊重与爱戴。这正是中国教育中和谐师生关系的道德基础。

由此可见，教师的社会地位及其在学生中的师道尊严，往往与他们身份的多样性与统一性有着非常密切的关系。如果教师缺乏统一的文化基础和身份，他们的地位常常是比较低的，甚至是为人所瞧不起的。而当他们能够依托社会的主流文化而获得比较统一的身份时，则能够获得很高的社会地位。正因为如此，在欧洲有些国家，基础教育的教师往往具有政府公务员的身份。显然，这种身份的差异直接影响了师生关系。然而，在网络社会中，教师的身份又重新出现了多样性，特别是由于现实社会与虚拟社会的分离，教师身份的多样性本身也充满了冲突，进而也形成了教师身份本身的非连续性。教师自身由于各种各样的"分人"所导致的角色冲突，对他们自身的自我认同和社会认同都形成了新的挑战。过去已经初步形成的自我认同和社会认同常常很难同化网络社会中的各种新的"分人"的差异及其变化。他们自己本身在网络的虚拟空间中也出现了新的形象和特点。虽然他们具有教师的正式身份，可内心里对于自己本身真正的自我和教师的角色常常产生困惑，甚至是怀疑，以至于教师本身的自我认同也出现了裂变和冲突。这正是教师角色的非连续性及师生关系变化的重要原因之一。

---

① 李弘祺. 学以为己：传统中国的教育 [M]. 香港：香港中文大学出版社，2012：250.

从学生的角度来说，互联网为青少年学生提供了以往任何时候都不能比拟的获取知识和信息的渠道，他们所接触的世界更开阔，视野更加恢宏，知识更加丰富，甚至在某些方面超越了老师和前辈。据说在某些城市举办的知识测验或比赛中，有些中学生的成绩已经超过了老师。而在一些类似汉字和成语比赛中青少年学生的表现和得分，也足以让他们的老师和成人汗颜。正如有些舆论所说的那样，青少年是网络社会的原住民，成年人是网络社会的移民，而老年人则是网络社会的难民。而这样的进步和比较，甚至也使得某些青少年学生越来越"看不起"他们的师长了。因为，新技术的发展，尤其是网络技术的发展，使得知识的逻辑在悄悄变化。"知识的存在逻辑在变化：知识不仅存在于老师那里、存在于书本中，还存在于网络中，也存在于人工智能系统中，甚至存在于看似垃圾的数据里；知识的传递逻辑在变化：跨越时空界限，网络中知识传递呈现碎片化、去中心化等特征。"[①]

由于青少年学生逐渐开始获得了网络社会中的某种文化优势，今天的青少年学生已经不仅仅是尚未成熟的人，而是形成了他们自己相对独立的文化形态。在这种自己的文化中，他们开始寻找和建立自己的价值观念和行为规范；在这种青少年文化中，同伴群体之间的相互了解，已经成为他们在生活和学习中最首要的参照系。更重要的是，青少年学生逐渐有了自己相对独立的成长标准，以至于对师长和前辈们的教诲产生了质疑。记得前些年有一首歌《我不是个坏小孩》，反映的正是这种状况。它的歌词是：

我不是你们说的那种那种坏小孩，也不是你们说的那种虚伪的乖小孩。我现在的想法已经超出你们的时代，请你们替我想想，这是属于我们的时代。好久以前我的脾气，就这么坏；好久以前我的叛逆，就像现在。请你们原谅我，不必不必为我担心，我有我的理由，希望你们能够明白，我不是个坏小孩。（陈焕昌作词作曲）

---

① 李培根. 未来工程教育的几个重要视点 [J]. 高等工程教育研究, 2019（2）: 4.

镜子的寓意
——网络社会与教育变革

　　值得注意的是，网络社会中青少年学生的这种变化，以及他们与师长的关系，已经不仅仅是一种经验和感觉，也并非青少年学生自己的呼唤，它已经成为学术界的研究对象，并且上升为一种新的理论。早在 20 世纪 60 年代，美国人类学家米德就专门对社会发展过程中代际关系的变化进行了非常深入的研究，并提出了非常著名的"代沟"理论，指出了年轻一代与老一代在思想方法、价值观念、生活态度、兴趣爱好方面存在的心理距离或心理隔阂，以及由此所产生的一系列代际关系的变化。更加重要的是，米德在《文化与承诺》一书中，根据年轻人与前辈之间关系的形态及其变化，将时代划分为前喻文化时代、并喻文化时代和后喻文化时代。所谓的前喻文化，强调的是青年人向年长者学习。而后喻文化，则是由于年轻人对新观念、新科技良好的接受能力而在许多方面都要胜过他们的前辈，进而获得了许多新的知识与观念，故年长者反而要向他们的晚辈学习。我不敢说这种后喻文化已经出现在中国的社会、学校教育和代际关系中，但事实已经证明，网络社会中青少年所具有的优势可能正在使这种后喻文化成为现实。而这也导致了师生关系的非连续性。

　　正是在这种新的师生关系中，特别是由于教师本人的"分人"以及"分语"所反映的社会表意系统的非连续性，师生关系呈现出一种非常复杂的局面。教师在传统文化中的代表性地位逐渐降低或弱化，教师的权威性与社会地位也受到很大的影响。而学生群体也借助网络社会正在形成他们自己的亚文化，并且在教育文化中具有了新的地位。在这种情境中，传统意义上的师道尊严和师生关系无疑会出现新的现象。

　　必须指出的是，这种师生关系的变化对教育的目的和价值具有非常大的影响。教师在儿童和青少年学生的自我认同过程中扮演着一种非常重要的作用，而且学生也都是在教师的引导和帮助下去认识自己的。可以想象，如果师生关系本身出现了这种非连续性，教师又如何能够有效地引导与帮助儿童和青少年学生实现他们的自我认同呢？

（三）从"学以为己"到"学已'无'己"

网络社会的虚拟空间中教育的非连续性对教育的影响，更大的风险或者危机是中国教育传统的丧失，即从"学以为己"逐渐蜕变为"学已'无'己"。而这种"学已'无'己"，则构成了对青少年学生实现自我认同的内在挑战。

1."学以为己"的传统

如果说儒家文化是中国教育传统的主要内容，那么其中最具有代表性的则不能不是一种"学以为己"的理念。这也是中国优秀的教育传统文化的主要特点和内在精髓。

所谓的"学以为己"，是孔子在《论语·宪问》中的一个重要观点。"子曰：'古之学者为己，今之学者为人。'"它的基本含义是：以自己本身的道德修养作为学习的目的，通过学习与修养，锻炼和培养自己的道德素质、品格和德性。它反对一种外在的、功利主义的学习目的，倡导和体现一种内在的学习目的。荀子曾经说道："古之学者为己，今之学者为人。君子之学也，以美其身；小人之学也，以为禽犊。"（《荀子·劝学》）《太平御览》中也写道："古之学者得一善言以附其身，今之学者得一善言务以悦人。"《后汉书·桓荣传》道："为人者，凭誉以显物；为己者，因心以会道。"而《颜氏家训·勉学篇》则认为："古之学者为己，以补不足也；今之学者为人，但能说之也。"孟子所谓的"自得"："君子深造之以道，欲其自得之也。自得之，则居之安；居之安，则资之深；资之深，则取之左右逢其原，故君子欲其自得之也。"（《孟子·离娄下》）这些说的都是这个意思。著名的儒学大师熊十力先生在

镜子的寓意
——网络社会与教育变革

介绍孔子和荀子等人的上述思想时，甚至认为，这句话的确足以代表东方各派哲学的一致的根本的精神。[①] 它强调的就是自我的修养。

应该说，这种"学以为己"的思想观点非常深刻地反映了中国优秀的教育文化传统，体现了中国教育的基本特点。[②] 它并不否定学习和德育的社会责任，而是强调两者的一致性，并且认为这种一致性的基础和出发点是个人的修行与道德修养。在中国传统教育理念中，个人的修行本身就具有内在的公共性，其本身也就是国家和社会的目的。

其实，强调和重视自我本身的修养并不仅仅是中国文化和教育的传统，它也是一种普遍的教育道理。在英国伦敦著名的威斯特敏斯特大教堂里，竖立着一座无名墓碑。这块墓碑上没有姓名，没有生卒年月，甚至连墓主的介绍文字也没有，只在上面刻着一段发人深省的文字：

当我年轻的时候，我的想象力从没有受到过限制，我梦想改变这个世界。

当我成熟以后，我发现我不能改变这个世界，我将目光缩短了些，决定只改变我的国家。

当我进入暮年后，我发现我不能改变我的国家，我的最后愿望仅仅是改变一下我的家庭。但是，这也不可能。

当我躺在床上，行将就木时，我突然意识到：如果一开始我仅仅去改变我自己，然后作为一个榜样，我可能改变我的家庭；在家人的帮助和鼓励下，我可能为国家做一些事情。

然后谁知道呢？我甚至可能改变这个世界。[③]

由此可见，中国教育的这种"学以为己"的传统，不仅是中国人的"专

---

① 熊十力.十力语要 [M].长沙：岳麓书社，2011：59.

② 有的中国学者甚至以此为中国教育思想史著作的书名，见：李弘祺.学以为己：传统中国的教育 [M].香港：香港中文大学出版社，2012.

③ 钟文.撬起世界的最佳支点 [J].中国人才，2011（8）：1.

利"，而且也是一种普遍的教育规律。同时，它也充分说明，自我认同是一件多么重要的事情，是教育最基本的目标和责任。根据教育的一般规律和中国教育文化的传统，这种"学以为己"思想的主要内容至少应该包括以下三个方面。

第一，认识自我。

"学以为己"的第一个非常基本的含义就是清楚明白地认识自我。它不仅是人成为人的最基本的要求，而且也是成才的路径。在中国传统文化中，历来有"人贵有自知之明"的说法。而西方文化的奠基者之一苏格拉底的名言就是"认识你自己"。可以说，强调自我认识的价值，是一个普遍的教育共识。人之所以成为人，最根本的就在于他的自我意识。而且，这也是教育活动最基本的规律。著名学者梁漱溟在他的"吾人的自觉力"一文中非常明确地指出："自觉真真是人类最可宝贵的东西！只有在我的心里清楚明白的时候，才是我超越对象、涵盖对象的时候；只有在超越涵盖对象的时候，一个人才能够对自己有办法。人类优越的力量是完全从此处来的。……求自己生命中之机械性能够减少，培养自己内里常常清明自觉的力量。中国人之所谓学养，实在就是指的这个。"[1]著名教育家黄炎培先生在谈到教育基本规律时，首先提出的就是这种自觉性。他说："教育盖有其道焉。第一须启发其自觉心。儿童有不规则之行为，与其直施禁遏，不如本诚恳之意，或示以善例，或诏以嘉言，使本于其天良而自觉其不当。不自觉而第禁遏之，如锄草者，不去其根，春风吹又生矣。"[2]

需要指出的是，这种自我认识也是最困难的事情，是人成长过程中最难以实现的目标。因为，按照哲学的一般理论，人是一种非位置性的存在。也就是说，一个人是永远不能完全地认识自己的。因为，当他或她试图去反思自己时，作为反思的主体已经落在反思的对象之外了。他或者她必须通过他

---

[1]　梁漱溟.朝话[M].上海：上海人民出版社，2017：16-17.
[2]　黄炎培.我国图强所必要之训育方针[M]// 中华职业教育社.黄炎培教育文集：第2卷.北京：中国文史出版社，1994：237.

人来认识自己。但这种他人眼睛中的自己已经不是一个作为主体的人，而是一个作为客体的人，因而也不是一个真正的自己。这是人的自我认识的尴尬与无奈，但也是人生最大的魅力。它让人的自我认识成为一个永恒的话题，也使得人的自我认同成为一个最重要的教育使命。

第二，修养自我。

"学以为己"不仅仅是单纯的认识自己，关键还要修养自己。其中的"为"，正是反映了通过学习使自身不断得到修养和淬炼的意思。这也恰恰是中国优秀传统文化不同于苏格拉底的"认识你自己"的地方。梁漱溟先生曾经说道："中国古人与近代西洋人在学术上都有很大的创造与成就。但他们却像是向不同的方向致力的。近代西洋人系向外致力，其对象为物，对自然界求了解而驾驭之。中国古人不然，他是在求了解自己，驾驭自己——要使自己对自己有一种办法。"[①] 清华大学早年的校长梅贻琦先生曾经在他的《大学一解》一文中说道："孔子于《论语·宪问》曰：'古之学者为己。'而病今之学者舍己以从人。"[②] "病"就是批评，"舍己以从人"，就是抛弃自己而从人。整句话的意思就是古代的学者通过学习来修养自己、反思自己，提高自身的道德修养和做人的水平；而当今的学者则抛弃自己而从人。梅贻琦先生还说："曰安人安百姓者，则又明示修己为始阶，本身不为目的，其归宿，其最大之效用，为众人与社会之福利，此则较之希腊之人生哲学，又若更进一步，不仅以一己理智方面之修明为已足也。"[③] 意思是苏格拉底说"认识你自己"，希腊哲学最重要的是认识他自己，而中国哲学叫修养我自己。这也正是我们的文化和教育非常重要的特点或特色。荀子在《劝学篇》中也非常明确说道："君子之学也，入乎耳，箸乎心，布乎四体，形乎动静，端而言，蝡而动，一可以为法则。小人之学也，入乎耳，出乎口。口耳之间则四寸耳，曷足以美七尺之躯

---

① 梁漱溟. 朝话 [M]. 上海：上海人民出版社，2017：17.
②③ 梅贻琦. 大学一解 [J]. 清华学报，1941，13（1）：1.

哉！"即必须将学习与自我修养结合在一起，这就是所谓"美"其身也。

第三，管理自我。

即所谓的自律，这是"学以为己"的最高境界。黄炎培先生在讲到教育的基本规律时，他在强调了自觉性之后，接着就指出，教育的第二条基本规律就是自我管理。用他的话说就是"自制力"。他说："第二须养成其自制力。自制力之养成，非可以鲁莽灭裂为也。例如蒙氏教育法，令儿童日移满杯之水，使其全神贯注于一点，丝毫不敢放逸，久之而自制力大进。事物当前，苟自觉不当为者，本其素养以全神注定之，无不贯彻者。"① 美国著名教育学家杜威也同样认为，"由于民主和现代工业的出现，我们不可能明确地预言20年后的文化是什么样子，因此也不能准备儿童去适合某种定型的状况。准备使儿童适应未来生活，那意思便是要使他能管理自己，要训练他能充分和随时运用他的全部能量"②。所谓的自立，其实就是自己能够把握自己，真正做自己的主人。

由此可见，在整个教育中，甚至于在整个人生中，自我的认识、修养与管理都是非常重要的，是中国教育的出发点和根本。这也是自我认同的意义与价值。能不能把握好这个"我"或者"己"，也是教育能否成功的主要标准。然而，在网络社会中，恰恰就是这个"我"或者"己"出现了很大的问题。

2. "学已'无'己"的风险

在网络社会中，教育中的"我"或者"己"的问题，就在于这个"我"已经发生了很大的变化，甚至是找不到了。或者说，在"学以为己"的传统和要求中，我们已经看不到这个"己"了。教育正面临着"学已'无'己"

① 黄炎培.我国图强所必要之训育方针 [M]// 中华职业教育社，黄炎培教育文集：第2卷.北京：中国文史出版社，1994：237.
② 杜威.我的教育信条 [M]// 吕达，刘立德，邹海燕.杜威教育文集：第1卷.北京：人民教育出版社，2008：7.

镜子的寓意
——网络社会与教育变革

的危机和风险。我们发现，在网络社会中的虚拟空间的"镜子"里，已经没有一个真实和完整的"己"。"我"已经分化成为各种各样，甚至彼此不认识、不相干以至于相互对立的"分人"。而那些描述"己"的语言、词汇、符号与概念等，也变成了各式各样的看不懂的"分语"，以至于彼此之间都不知道对方在说些什么，也搞不清某些话语的意思。"我"或者"己"已经分裂成为现实空间中不同的"我"或"己"与虚拟空间中各种各样的"我"或"己"，甚至是互不相识的"我"。可以想象，这种失去"我"或"己"的教育该是一个什么样子呢？

首先，这种失去"我"或"己"的教育，只能是一种碎片化的学习和教育。殊不知，教育与学习是一个整体性的活动。无论是什么样的知识与能力，也不管它们的形态与条件如何，它们都是围绕着个体的成长，特别是人的自我认同而发生的一种系统化的过程。其中，"我"便是这种整合的基础。老子曾经说过这样的话，"圣人抱一为天下式"（《道德经》第二十二章）。这里所谓的"一"，就是读书和为人的最根本的原则和道理。他认为，如果学习中失去了这个"一"，那么所学的东西尽管很多，也都是零碎的，甚至给人带来困惑，即"多则惑"。而在人的成长过程中，这个"一"就是人对自己的认识，对自己的修养和整体性的把握。

其次，这种失去"我"或"己"的教育将是一种逐利的教育。从教育学上讲，这种失去"我"或"己"的现象，实际上就是一种不知道"我是谁"的现象，也不去追问"自己是谁"的问题，以至于从根本上忘却了学习的宗旨。无疑，当人们在学习过程中失却和忘记了真正的"我"或"己"，没有一种自我反省的内在目标，其后果则必然是追逐外在的利益。其实，眼下的教育中不正有这样一种现象吗！恰恰是由于某些人在学习过程中找不到自己的定位，有些人甚至不知道在现实空间和虚拟空间中诸多的"分人"中哪一个是真正的自我和自己，以至于把"灯红酒绿"中某种虚幻的映像当作自我，不懂得学习的内在目的首先是要完善自己，提升自我的道德品位和境界，其结果自然是追求外部的功名利禄，成为一种所谓"精致的利己主义者"。其实，教育中的某些功利主义现象，并不能简单地从表面现象去分析和批评，也不单纯是市场经济的过错。从比较深层次的原因去分析，其病根是有些人在现实的网络社会中，特别是在网络社会的虚拟空间中，不知道"我是谁"了，也被各种各样的"分人"和"分语"搞得头昏脑涨。而且，那些在光影中的自我往往是最容易感受到的，是最有诱惑力的，也是最容易认同和让人们陶醉的。

更重要的是，这种失去"我"或"己"的教育也就是一种没有灵魂的教育，是一种没有方向与责任的成长和发展。我们需要时常问问自己，我们教给学生那么多的东西，学生们学习和接受了那么多的知识和理论，这些知识和理论究竟存放在人身上的什么地方？如果把人们一生中所学的知识都背在身上，那他们一定会非常累的。现在国家的政策和教育改革常常说要减轻学生的学习负担，是不是也觉得他们背负的知识太多了？有时候看见中小学生背着硕大的书包，真的不敢想象他们身体里面是不是也有这样一个大书包。其实，真正能够减轻学生学习负担，把那些学到的东西统一到自我之中，变成自己的血肉，而不是成长和生存的累赘的关键，正是人的灵魂。真正的人的灵魂能够充分地消化各种各样的知识，去粗取精，去伪存真，将知识与自身一体化。老子《道德经》第十章所谓的"载营魄抱一，能无离"，讲的正是这个道理。而宋代学者苏辙则认为魂是神，魄是物："圣人性定而神凝，不为物迁，虽以魄为舍，而神所欲行，魄无不从，则神常载魄矣。众人以物役性，神昏而不治，则神听于魄，耳目困以声色，鼻口劳以臭味，魄所欲行而神从之，则魄常载神矣。故教之以抱神载魄，使两者不相离，此固圣人所以修身之要。"① 这种人的灵魂就是人的自我认同，是他们对自己的认识和对"我是谁"的回答。因为，正是这种自我认同，能够帮助人们吸收和消化知识，将它们转化为自我的精神，由此而获得真正的成长。

---

① 苏辙.道德真经注 [M].上海：华东师范大学出版社，2010：10.

镜子的寓意
——网络社会与教育变革

其实，从"学以为己"到"学已'无'己"的变化，已经不是一种理论上的分析或猜想，它已经是一种客观的现实。我们可以非常清楚地看到，有些青少年学生沉迷于网络，整个身心陷入了浩如烟海的信息汪洋，而且呈现出种种焦虑的心态，甚至在网络的观念多元化中迷失了自己的价值取向，以至于导致人格的分裂和异化。更加可怕的是，有的青少年学生由于迷恋网络，进而产生了各种各样非常颓废的心态，甚至是反社会的心理。这些现象也日益引起了社会和教育的关注。

这种无"我"或无"己"的教育实在是太糟糕了，而且这种状况好像是以往的教育从未有过的，它极大地挑战着教育的传统和规律，给网络社会与未来的教育提出了新的要求。而这正是网络社会中自我认同的危机。教育的改革与发展和人的健康成长，不能没有这样的"我"或"己"，不能不去重新发现和找到这种自我和自己。教育需要帮助人们去重新找到自己，应该帮助人们实现"自我认同"或"身份认同"，即认识自己。所以，网络社会中的教育必须改变传统的实现自我认同的路径与方法，寻求和学会采用新的路径与方法实现自我认同，包括对"自我认同"内涵与形态的重新认识和定义。如果说吉登斯的《现代社会与自我认同：现代晚期的自我与社会》一书讨论了从传统社会到现代社会自我认同的变化，那么我觉得我们应该从网络社会中重新认识自我认同的新境遇与新内涵。这就是网络社会中教育改革面临的重大挑战。其实，网络社会中这种"我"或"己"并没有离开我们，它们是客观存在的。问题恰恰在于人们发现和认识"我"或"己"的"镜子"破裂了。换句话说，网络空间中的知识和话语如何与现实世界中的知识秩序相互协调与一体化，网络社会中的虚拟现实与物质世界的客观现实的相互协调与一体化已经成为当代文化建设和教育改革中自我认同所面临的一个重大的现实任务。

五
"破镜重圆"的可能性

显然，无论是"分人"或"分语"，还是教育的"非连续性"等镜像的出现及其变化，都与社会这面"镜子"的变化有关，特别是与网络社会中这面"镜子"的破裂有关。这种"镜子"的变化促进了教育的发展，它的破裂也导致了教育发展的危机。这种危机主要体现在，网络社会中现实的"镜子"与虚拟的"镜子"能否合成和统一起来，形成一面既有所不同又能够相得益彰的整体的"镜子"？这是一个非常现实的理论与实践问题。它可以表现为两个非常直接的挑战：第一，网络社会中的教育环境能否形成一种内在的统一性和整体性，进而表现出教育本身的系统性和连续性，为儿童和青少年学生自我认同提供一种新的实现途径与机制？由此为人的诸多"分人"提供一个协调的根据与基础。否则，人们的自我认同将失去其统一的基础而"学已'无'己"。第二，网络社会中现实空间的知识与虚拟空间的知识，或者说，知识的客观性与知识的主观性之间能否建立起一种新的统一性和整体性，进而弥补网络社会中知识体系的断裂与非连续性，由此为学校教育中的课程建设提供更大的空间与更加丰富的资源，使其适应网络社会发展的新要求。否则，两种不同类型的知识将导致课程的断裂，甚至是人格的分裂。换句话说，网络

镜子的寓意
——网络社会与教育变革

社会这面"镜子"的"破镜重圆"需要有一种新的实在论及由此形成的新的知识论。它们能够兼容网络社会中"分人"与"分语"的差异与对立，协调现实空间的知识与虚拟空间的知识中客观性与主观性之间的矛盾与冲突，进而重建整个网络社会文化与知识体系的同一性与连续性。这是网络社会中教育变革的重要任务，也是网络社会中教育发展的重大机遇。

（一）Taking 与 Making

"破镜重圆"所面临的首要问题是社会的二重性和知识的二重性，即客观现实与虚拟现实的关系，以及知识的客观性与主观性。知识既是客观存在的一种既定，又与人的创建活动存在着不可分割的关系。它既是一个哲学和教育学基本理论的老问题，也是网络社会中自我认同的新问题。

1.虚拟"镜片"的特点

在网络社会的"镜子"里面，一部分是具有传统客观性的现实空间的"镜片"，另一部分是在网络社会中虚拟空间的"镜片"，网络社会中这样两面"镜片"能够弥合、融汇或者相得益彰吗？显然，这两种"镜片"是不一样的。客观世界中现实空间的"镜片"是我们比较熟悉的，它是客观存在的，实实在在的，是看得见摸得着的，也是有规律的，是传统社会自我认同的重要基础和途径；但网络社会中的虚拟空间的"镜片"却是我们不太熟悉的。虚拟空间的虚拟"镜片"也具有客观性吗？如果它并不具有客观现实性，而仅仅是一种人为的主观想象与建构，那么它又如何能够具有如此神奇的力量，产生出各种各样的"分人"和"分语"以及新的社会表意系统？由此所反映出来的自我的真实性又如何能够得到保证呢？而"我"又怎么能够从中去认识自己呢？这究竟是一种什么样的力量和世界呢？它究竟又是一面什么样的

"镜片"呢?

对此,英国学者戴维·克里斯特尔认为:"虚拟世界是一个想象中的环境,人们进入其中,进行基于文本的交互活动。……随着技术的发展,通过将多媒体技术加入到虚拟世界之中,用声音和图像辅助或者代替文本,参与者将像avatars(来自印度神话,指某神在世的化身)一样在屏幕上作为实像存在,许多评论家称这样的世界为元世界(metaworlds)。"[①]那么,这种虚拟世界或虚拟空间的"镜片"也是现实的或客观存在的吗?它们能够真实地反映人的存在和成为人们实现自我认同的条件和途径吗?目前,关于虚拟社会、虚拟世界或虚拟现实的特点也存在着各种不同的看法,根据学术界比较共同的认识,这种虚拟世界的特点主要包括三个方面:即沉浸性、交互性和构想性。[②③④]

第一,沉浸性。沉浸性指的是用户作为主角存在于模拟环境中的真实程度。用户通过使用专用的设备,将自身沉浸于虚拟环境中,并能够使用语言、动作等方式与虚拟环境中的对象相互交流,就像在真实世界中一样,给予人身临其境之感。根据研究者的描述,这种沉浸性的主要影响因素就在于人的多感知性,即人体本身所具有的各种感知功能,包括视觉、听觉、触觉和嗅觉,等等。而虚拟现实正是通过人本身的多感知性,模拟出人的各种不同的感觉。网络用户所获得的感官刺激越多,他们在虚拟环境中的代入感和主动感就越强烈。而理想的虚拟现实就是具有人所有的感知功能。当然,研究者也承认,由于目前的传感技术的限制,网络技术还不具备模拟人的素养感官的能力。目前人们在电影院中所看到的各种VR三维电影,就是这种沉浸

---

① 克里斯特尔.语言与因特网[M].郭贵春,刘全明,译.上海:上海科技教育出版社,2006:8-9.

② 廖斯羽.虚拟现实技术的特点及应用[J].科技传播,2018,10(21):127-128,135.

③ 方之昊.虚拟现实的应用现状[J].电子世界,2018(19):45-46.

④ 苏建明,张续红,胡庆夕.展望虚拟现实技术[J].计算机仿真,2004,21(1):18-21.

性的典型范例。

第二，交互性。所谓的交互性，指的是用户对模拟环境内物体的操作程度和从环境得到反馈的自然程度。用户通过交互设备与虚拟环境进行交互。在这个方面，一个比较典型的例子是，假如你在虚拟环境中看到一个物体，当你将它举起来时，你会感觉到它的重量，这类交互行为就能够在很大程度上增强用户的沉浸感，使其仿佛有一种身临其境的感觉。也就是说，人们可以用他们日常生活中的方式与虚拟环境中的对象进行交往和互动，并且产生与真实环境相同的感觉。

第三，构想性。所谓的构想性，指的是虚拟现实环境为用户提供构想空间，用户可在虚拟环境中模拟一样未执行的事所具有的多种结果，将各项结果进行对比可得出最佳的执行方案。这种构想性在日常生活和科学研究中也是比较常用的，而且是非常方便和适用的。可以想象的是，如果对一个设计或实验的各种可能的结果通过这种虚拟现实的技术进行比较，则可以更好地做出判断和决策。同时，这种构想性也能够对事物发展的各种可能性进行预测和比较分析，由此进一步拓展人们的思维空间。

显然，虚拟空间或者虚拟世界中的这些特点，以及与此相关的知识体系和人的存在方式是非常独特的，它们与客观空间和世界中的知识体系及生存方式等也是不同的。这种不同就在于，客观世界是一种既定或者获取的，而虚拟空间或世界是创设或建构的，由此给教育和人的自我认同带来了极大的非连续性。

2. 既定与建构

我们应该怎样看待虚拟世界或虚拟空间的这些特点？它们是现成的，还是创建的？它们是否也具有客观性？接着说下去，我们又应该如何看待网络社会中知识的特点呢？这既是知识社会学和教育社会学的一个非常传统的问题，也是现代社会的教育理论特别是建构主义理论给我们提出的一个十分尖锐和现实的新问题。转换成教育学的专门术语，这也就是说，教育的知识究竟是现成或既定的，还是人工或建构的？英国著名教育学家迈克尔·扬（Michael Young）①在他的《知识与控制：教育社会学新探》一书的导言中，引用另一位学者希利（Seeley）的话，指出了在教育领域中人们对知识的两种态度：一种是所谓的获取（taking），另一种是所谓的创建（making）。在他看来，"从整体上说，社会学家总是'获取'教育者的问题作为它们自己的问题，并将这些问题看作是想当然的，而并不做出它们之间明确的假定"②。而所谓的"创建"，则是指"从着力去解释学生、教师和知识如何被组织（只有通过这样的解释我们才能有选择地发展）开始，现存的工作范畴，如父母、教师、孩子，以及许多研究人员给予家庭和学校、学习与游戏、学术与非学术以及'有能力'、'聪明'与'无能'、'愚蠢'之间的区分，都必须被认为是社会建构的结果，或者是某些有地位的人将他们的建构和意义强加给他人的结果"③。换句话说，教育的知识与问题并不是单纯既定的，而是一种人的建构。甚至在扬所主编的《知识与控制：教育社会学新探》一书的诸多作者中，"他们所共同主张的是，决不会把关于教育的现存规定想当然的，他们要'创建'而不是'获取'教育社会学的问题。他们常常不约而同地从各种不同的视角认为，'被当作教育知识的东西'是需要质疑的"④。而且，扬在研究这些问题时，也非常明确地指出，"要考察在把知识（教育中传递的知识）作为既不是绝对的，也不是随意的，而是'有用的意义系统'来对待时，它所涉及的各个方面。这一点在任何背景中都不仅仅是'产生'的，而且也是共同'给予'的"⑤。

实事求是地说，现代社会中的知识，尤其是网络社会中的知识，的确具

---

① 本书中根据商务印书馆出版的《英语姓名译名手册》译为"迈克尔·扬"，以往文献中有的译为"麦克·扬"，在引文中，可能会出现"麦克·扬"的译法，特此说明。

② 扬. 知识与控制：教育社会学新探 [M]. 谢维和，朱旭东，译. 上海：华东师范大学出版社，2002：1.

③ 同②：2.

④⑤ 同②：3.

镜子的寓意
——网络社会与教育变革

有一种非常强的建构性，或者说是一种境遇性的知识，它们与人们主观的认识活动、一定的社会情境等具有非常密切的关系。网络社会中虚拟空间的知识，包括各种各样的"分人"与"分语"以及新的社会表意系统等，其实也就是一种建构的产物，具有非常鲜明的主观性与情境性。而且，通过计算机和网络所生成的虚拟现实和虚拟空间，更是进一步强化和发展了网络社会中知识的创建性和建构性。这不仅仅是一个技术性问题，也是一个教育学和哲学的问题。

尽管我们目前还不能完全认识网络空间中知识现象的特征，以及它们对现实社会与教育的意义，但这种网络空间中的新的知识现象以及由此形成的社会问题和挑战已经对传统的教育产生了不可忽视的挑战。自不待言，网络社会中网络空间的知识现象与问题对教育的意义和影响当然是多重的，其中最根本的挑战有两个方面。

首先是教育活动中知识本身内在秩序的连续性问题。显然，如何将现实空间的知识与网络空间的知识协调起来，已经成为现代教育在理论和实践方面的巨大挑战。一方面，网络空间为人们的自主性学习提供了更大的方便，形成了学习化社会的重要基础，但网络知识的碎片化，如零散性、多样化以及彼此之间的相互冲突，也使得其呈现出一盘散沙的格局，很难实现一定程度的内在整合与内在秩序；另一方面，网络空间中知识的主观性、情境性与个体性等特征，甚至是对现实的变形、反经验性，以及对常识的颠覆和由此形成的新的一套表意系统，使其与现实的知识体系形成某种似乎大相径庭的取向。更有甚者，人们开始利用网络空间的知识去表达世界与生活的意义，对现实社会进行新的定义；同时，利用网络空间中知识现象的某些特征来比照现实社会，作为一种价值判断与评价的参照系。而这些与传统的知识、经验与价值观常常是相互矛盾和冲突的，并且很难形成一个具有连续性的统一的知识体系。然而，知识的连续性与内在秩序又是教育活动的必要条件。从微观上看，知识的连续性与内在秩序是教育制度与学制的根据，是学校教育及其课程建设的重要基础，对学生的学习与经验的改造具有非常重要的影响；而从宏观上看，按照帕森斯关于教育所应该具有的潜在的模式维护的社会功能的观点，知识的连续性与内在秩序也正是现代教育履行其社会责任的基本条件。现实空间在很大程度上是一个大家能够彼此共享的客观空间，而网络社会的虚拟空间则更多的是一种不同个体自我构建的主观空间。在虚拟空间里，每个人都可以按照自己的偏好，对各种不同的信息进行选择，建构自己的生存空间与价值系统，每个人都可以根据自己的兴趣与意愿去选择不同的知识与信息，来建构自己的精神世界以及个人的价值取向，并由此来证明自己的观点，形成对自己、他人、社会和世界的判断，进而也进一步促进了社会和文化的多元化，对传统的社会凝聚模式与整合机制形成了非常严峻的挑战。

其次，与上述分析相关的是，教育知识中存在的非连续性与无序现象直接影响了个体成长过程中的自我认同，尤其是对传统的自我认同的路径和模式形成了具有颠覆性的冲击。因为，帮助人们实现自我认同或身份认同，即认识他们自己，是教育最根本的功能与责任。在传统和简单的现实社会中，由于生存空间的狭隘与有限性，自我认同和社会认同是比较容易的。但是，在网络社会的虚拟空间中，由于生存空间与思维空间的无限扩大，人的本质的对象化也有了更多的途径与可能性，由此形成的反馈也越来越多样化。因此，在网络社会中，社会这块"镜子"本身已经出现了裂痕，而且呈现出一种变形的现象。每个人在这些有裂痕甚至是碎片化的"镜子"中看到的自我也呈现出越来越多甚至是彼此矛盾的形象。究竟哪一块"镜子"中反映出来的"我"才是真正的自己呢？或者这些"镜子"中映照出来的各种各样的"我"的共性究竟是什么？在这面"镜子"面前，教育在帮助和引导人们实现自我认同方面将变得越来越困难。我们会发现自己的"分人"越来越多，越来越不一样，以至于它们本身也充满了差异，根本就很难真正从中找到某个真正的、具有同一性的自己或自我。这正是平野启一郎的小说《最后的变身》与其他相关作品在自我认同方面给予我们的启示。当然，平野启一郎的小说

镜子的寓意
——网络社会与教育变革

中主人公的办法是把自己关在孤独的房间里，为了看清"真正的自己"而痛苦挣扎。然而，无论他怎么思考，也想不明白"真正的自己"究竟是谁，由此产生出一种非常绝望的结局，最后只能是否定了自己的过去，觉得所有人际关系中的自己都只不过是一个演技肤浅的"假面具"而已。而教育理论则必须从这种困惑或迷局中走出来，不断完善和发展新的基本思路和办法，继续承担起自身的社会责任。

不能不承认的是，平野启一郎不仅是一个作家，而且是一个非常敏锐的思想家。因为，他揭示的是网络社会中一个非常重要的现象。他的思考也反映了网络社会中人们自我认同过程中具有普遍性的纠结与焦虑。根据平野启一郎的介绍，他自己之所以会做这样的思考，与其说是对小说中主人公的"身份认同"这个问题的持续关注，不如直接说是源自他自身的苦恼。他表示自己从很多书籍和社会问题中获得不少的灵感，使他能够去深入探讨那些能够使他产生强烈共鸣的东西。其实，这又岂止是平野启一郎个人的感受，这就是网络社会中个人生存和自我认同的普遍性问题，也是现代教育的重要问题之一。这是非常值得关注的现象，也是互联网对社会和教育的真正内在的挑战。因为，如果我们的教育不能适应网络社会的发展与挑战，真正有效地帮助和引导人们建立起合理的自我认同和社会认同，这种教育肯定是落后和失败的。当代社会人们对教育的各种各样的批评与指责，不能不与此有关。所以，我们的教育必须客观地承认网络社会中的虚拟空间及其自身的现实性，改革传统的实现自我认同的路径与方法，学会采用新的路径与方法帮助和指导青少年实现自我认同，并且对网络社会中实现自我认同所必需的"镜子"及其现实基础进行重新认识和定义。而其中的关键则是网络社会中现实空间与虚拟空间的协调与结合，即"破镜重圆"。

（二）"破镜重圆"的可能性

网络社会中虚拟的"镜子"与现实的客观"镜子"之间的关系，并不仅仅是一个实践的问题，而是一个十分重要的教育理论问题。它是网络社会中教育理论建设的重大任务，也是教育改革与发展本身的重大责任。根据上述分析与描述，我们可以非常清楚地知道，如果希望实现网络社会中人们自我认同的"破镜重圆"，至少需要满足两个非常基本的条件：首先，它需要有一种新的实在性理论，能够包容客观世界与虚拟世界中不同的现实性，为客观世界与虚拟世界之间的连续性提供坚实的现实基础，进而为知识的统一性提供一种非常坚实的现实基础；其次，它要求学校教育与知识体系能够包容虚拟世界中的知识与表意系统，对虚拟世界的各种语言、词汇、概念和符号进行必要的梳理和规范，纳入教育的知识体系，建立起自我认同中学习与课程知识的连续性。这是网络社会中教育理论与实践的重要创新，也是教育面对信息化挑战，包括应用各种现代化教育信息技术，使用各种现代化的信息设备，包括互联网等，并将它们与现实的教育活动融合起来，进而更好地服务于人们的学习和自我认同，必须做出的回应。

1. 建构主义的功过

要想建立一种新的能够包容虚拟空间的现实性和知识理论，由此为网络社会自我认同机制的创建提供一种新的现实与知识基础，这种自我认同的"破镜重圆"，恐怕很难逃避建构主义理论的纠缠，我甚至愿意说，虚拟世界的知识观与建构主义的知识观有着千丝万缕的关系。作为近年来教育界一个非常重要和具有广泛影响的理论流派，建构主义在某种意义上就是一种关于知识和学习的理论，强调学习者的主动性，认为学习是学习者基于原有的知

镜子的寓意
——网络社会与教育变革

识经验生成意义、建构理解的过程，而这一过程常常是在社会文化互动中完成的。建构主义源自关于儿童认知发展的理论，维果斯基的文化心理学与皮亚杰的认知心理学都是其非常重要的思想渊源。由于知识本身与社会环境之间有着密切关系，以及个体的认知发展与学习过程密切相关，因此利用建构主义可以比较好地说明知识的社会性、情境性以及人类学习过程的认知规律，即能较好地说明学习如何发生、意义如何建构、概念如何形成以及理想的学习环境应包含哪些主要因素，等等。总之，在建构主义思想指导下可以形成一套新的比较有效的认知学习理论，并在此基础上实现较理想的建构主义学习环境。建构主义认为，知识不仅是通过教师传授得到，而且也是学习者在一定的情境即社会文化背景下，借助其他人（包括教师和学习伙伴）的帮助，利用必要的学习资料，通过意义建构的方式而获得。正如有的学者所说的那样，建构主义的学习理论认为，"知识的获得不是学习者简单接受或复制的过程，而是积极主动建构的过程"[1]。而"所谓建构，是指学习者针对学习任务，通过新旧知识的互动，使之产生新的有意义的关联组合或统整的过程和结果"[2]。因此，知识本身是人们主动创建的活动。这种"知识建构是个体在某特定社区中互相协作、共同参与某种有目的的活动（如学习任务、问题解决等），最终形成某种观念、理论或假设等智慧产品。个体在该公共知识的形成过程中获得相关知识"[3]。

建构主义的知识观有三个比较明显的特征。

第一，它们是对传统知识理论的批判与反动。在传统的客观主义看来，知识只是对客观事物的表征，科学概念是与各种事物相对应的。所有的科学知识、定理与概念等都是经过科学验证后对客观世界的唯一正确的说明与解释。而语言则是这些科学知识的一种表达和符号形式，由此形成了知识的传

---

①② 钟志贤. 知识建构、学习共同体与互动概念的理解 [J]. 电化教育研究，2005（11）：20.

③ 赵建华. 知识建构的原理与方法 [J]. 电化教育研究，2007（5）：10.

播。但是，建构主义却对这种知识的客观性与确定性提出了质疑，特别是对知识理论中的某些绝对主义，如行为主义的观点等，进行了严厉的批判，认为这将导致以科学取代宗教。①

第二，建构主义的知识观认为，知识本身并不是对客观世界的反映，而是建构的产物。这种观点强调知识的建构性以及知识形成过程的社会协商性。虽然建构主义本身有不同的观点和流派，但在强调知识的建构性方面，则是非常一致的。在这种观点看来，知识不过是一种"发明"，而不是一种"发现"，即知识并不是客观的，而是主观的产物。② 有些比较激进的建构主义者甚至非常明确地认为，知识并不是一种以被动的方式所感知的，而是由认知主体积极地建构起来的。③

第三，根据建构主义的知识观，语言本身也并不具有表达知识和描述客观世界的能力，语言的合法性只是通过社会的交换过程而获得的。按照某些建构主义学者的观点，语言的意义不过是通过社会交往中的相互依赖而形成的，所以它的意义常常取决于社会的情境脉络。④

按照建构主义的理论观点，学生的学习也是一种建构的过程。首先，学习并不仅仅是由教师把知识简单地传递给学生，也是由学生自己建构知识的过程。学生不是简单被动地接收信息，而是主动地建构知识的意义，这种建构是无法由他人来代替的。其次，学生的学习不是被动地接收信息刺激，而是主动地建构意义，是根据自己的经验背景，对外部信息进行主动地选择、加工和处理，从而获得自己的意义。外部信息本身没有什么意义，意义是学习者通过新旧知识经验间的反复的、双向的相互作用过程而形成的。因此，学习并不是行为主义所描述的某种"刺激／反应"。同时，学习意义的获得，

---

①③　高文，任友群．知识的生产与习得的社会学分析 [M]// 高文，徐斌艳，吴刚．建构主义教育研究．北京：教育科学出版社，2008：88.

②④　郑太年．教育中的建构主义：知识观、学习观，抑或教学观？[M]// 高文，徐斌艳，吴刚．建构主义教育研究．北京：教育科学出版社，2008：422.

是每个学习者以自己原有的知识经验为基础，对新信息重新认识和编码，建构自己的理解。在这一过程中，学习者原有的知识经验因为新知识经验的进入而发生调整和改变。

实事求是地说，建构主义是近年来教育界非常流行，而且受到广泛青睐的一个理论。建构主义在中国教育改革与发展的思想解放和改革实践中，也发挥了非常重要和积极的作用，至今仍然为教育界的许多学者和实践工作者所推崇。这种重要和积极的引导作用主要表现在以下几个方面。

第一，建构主义揭示了学习活动中学习者的主动性和创造性对学习活动及其效果的客观影响与制约这一十分重要的学习规律，进而唤醒了学习者的主体意识，为教师进一步激发学生学习的积极性和主动性提供了理论基础，也增强了学生对自己学习的责任感。

第二，建构主义有助于教师和学生的思想解放，能非常有效地提升教师和学生的主体意识。对教师而言，它能够进一步促进教师在教育教学中对教材的理解与深度开发，并且结合自己的经验对教材内容进行解读，阐发其中的意义；对学生而言，则能够鼓励他们充分发挥自己学习的主动性和想象力，更加有效地理解和消化学到的知识，提高学习的效率与学习成绩，进而更加积极地提出问题与解决问题。

第三，建构主义能够促进新的教育体制与学校制度的改革。显然，根据建构主义的思想理论，教师与学生的关系将得到一种新的重构，包括教师的角色、教学方法的调整、课堂教学规则的修正以及学生的地位与责任，等等。与此相关的各种教育教学制度也需要进行改革与调整，以学生为中心的办学理念将进一步得到人们的认可。

更有意义的是，建构主义的教育理论能够进一步营造一种更加开放和活跃的学习环境，鼓励学生积极思考，敢于创新，激发师生的想象力和创造力，促进学生创新意识与能力的发展。

坦率地说，我也曾经是一个建构主义的拥趸，并且主持翻译了教育社会学领域中建构主义的代表作——扬的《知识与控制：教育社会学新探》与《未来的课程》，并且在一些场合介绍建构主义的思想观点。但是不能不承认，建构主义的发展也存在着某些非常致命的内伤。我甚至觉得建构主义的滥觞已经有些过头了，成为教育界的一种时尚，以至于一谈到教育改革便言必称"建构"。课程是一种"建构"，教学必须是"建构"，教师的主体性要反映"建构"，学校的改革就是一场"建构"。似乎不谈"建构"，就是一种落后、保守或陈旧。实事求是地说，建构主义并非完全没有道理，它对于激发教师的主动性和创造性，高扬教师的主体地位，反映课程结构中的社会参与以及教育活动中的主观实践等，都具有重要的积极意义。但是，建构主义的这种积极意义也是有边界的，而知识的客观性则是这种边界的底线。任何否定知识客观性的逾越都将导致相对主义，这恰恰是中国教育改革特别是课程改革中潜在的风险。试想之，假如学校的知识没有了客观基础，课程的内容成为一种权力和利益的博弈，我们的教育和教师将成为什么？假如所有的知识都失去了客观性，整个社会和教育将陷入混乱。因为，在建构主义看来，知识并不是对客观现实的反映，而更强调是人们的主观建构，这就为其滑入某些错误的泥沼埋下了隐患，甚至在某些方面已经酿成了某种"苦果"。在我看来，建构主义的隐患大致表现在以下几个方面。

第一，它很容易陷入相对主义的泥沼。既然知识并不是对客观现实的反映，而只是个人的主观建构，那么是否还存在知识的客观性标准呢？人们如何去检验知识的真理性呢？显然，不同的人对知识的建构方式是不同的，包括他们的世界观、个性特点以及思维方式，等等，这些都能够对他们的知识建构形成非常现实的影响，并且在由此形成的知识观念中打下主观的烙印。其实，虚拟世界中的各种知识也恰恰就是一种建构的结果。然而，应该承认的是，尽管知识的学习和获得离不开人们的主动性和建构，知识中也包含着一定的主观性与情境性或社会性，但它们仍然都是客观现实的反映；虽然在这个反映的过程中存在着主观的参与、个体的建构与情境的关联，但它们仍然是以客观现实为基础的。如果一味地强调知识的建构性，过分夸大个体在知识形成和获得过程中的主观能动性，其结果很可能是否定知识的客观性和真理的存在，导致一种知识的相对主义，甚至是否认知识本身的意义、价值与存在。

第二，这种建构主义的极端化或者绝对化也可能会引发知识和文化的霸权主义。因为，如果这种建构的知识失去了一种现实的依据，缺乏一个检验真理与否的客观标准，其后果只能是见仁见智，谁说谁有理。而一旦出现不一致，或者是认识的矛盾和冲突，其后果将是非常可怕的。因为在这种情境中，容易导致知识领域中弱肉强食的丛林原则，谁的权力大，谁的地位高，谁的知识就是有道理的，就是真理，而没有权力和地位的人只能屈从于某种霸权主义。这种文化和知识的霸权主义将带来文化上的压迫以及一种非常有害的社会不公平，也会束缚和窒息知识与科学的进步。

第三，建构主义会给学校教育带来一种非常内在的伤害，甚至直接影响师生关系和教师的尊严。显然，学生对教师的尊重，一方面当然与教师的个人修养和言行举止有关，所谓的"身正为范"正是这个道理；而另一方面则是因为"学高为师"，即学生对教师所代表的知识体系的客观真理的崇敬。因为学生们知道，他们可以从教师那里学到客观的知识，了解人生的真理与社会发展的规律。而一旦教师的师道所依托的知识的客观真理性被颠覆了，我们可以想象师生关系会发生什么样的变化。同时，按照建构主义的观点，所有的科学知识都只是相对真理，不是绝对真理；我们所学习的理论和知识都只是我们头脑建构的东西，不反映客观存在，这种片面理解很容易导致教学中的极端主义倾向、忽视客观基础的价值，这对教育是非常有害的。

事实上，建构主义的这些潜在隐患也已经为人们所逐渐认识。著名科学教育专家詹肯斯（E.W. Jenkins）在《科学与教育》国际期刊（2000年第9期）上，就以"建构主义是一个强大的理论模型，还是最危险的认知倾向？"为题，论述了激进的建构主义的危害在于它将破坏人们防御伪科学或反科学思想入侵的免疫系统①。中国的学者也非常冷静地分析了建构主义的学术价值与缺陷。问题在于，网络社会的发展，特别是虚拟世界中的知识发展，确实是强化了知识体系的建构性，并且将这种建构性的问题进一步扩展到本体论的层次，成为当前哲学和教育学的一个基础性问题。如何看待知识的建构性及其现实基础？它们难道真的缺乏客观实证性吗？网络社会的知识是不是在疏远我们了？

2."破镜重圆"的尝试

　　或许知识理论的发展也有一种"钟摆"的现象。当某种理论发展到极致时，反思常常也随之而来。而扬便是一个典型。而且，他本身的思想历程就是一个很有意思的理论故事。20世纪90年代，我与北京师范大学朱旭东教授通过翻译《知识与控制：教育社会学新探》一书，结识了这位非常有思想的教育社会学家，而且这种交往持续了20多年。后来，我与我的同事一起翻译了他的著作《未来的课程》，朱旭东、文雯和许甜等学者又接着翻译了《把知识带回来——教育社会学从社会建构主义到社会实在论的转向》一书。或许真的是一种"人同此心，心同此理"的偶然，恰恰是扬的学术思想，尤其是他思想的发展变化，对我思考和分析网络社会中自我认同的危机以及知识的客观实在性，提供了十分有益的启发。扬所提出的"社会实在论"和由此而建立的"强有力的知识"，作为一种对建构主义的批评，也为我们寻求"破镜重圆"的思路，提供了非常有启发的参考，为我们认识和构建客观世界知识与虚拟世界知识之间的连续性提供了一个非常重要的视角。而他的新著《把知识带回来——教育社会学从社会建构主义到社会实在论的转向》的标题，则是非常鲜明地表达了他的观点。我甚至认为这本身就是一个非常有趣的理论故事。

---

① 张红霞.建构主义对科学教育理论的贡献与局限[J].教育研究，2003（7）：83.

镜子的寓意
——网络社会与教育变革

20世纪70年代初，扬在英国出版了他的重要学术著作《知识与控制：教育社会学新探》。在这本书中，他摆脱了传统实在论的桎梏，提出了教育的社会建构主义理论，指出了教育社会学发展的新方向。正如有的研究所认为的那样："麦克·扬在20世纪70年代富有洞见地揭示了课程知识选择中的社会性、历史性，而非被动接受'既定的'知识，他充分肯定了社会与人对教育知识的主动创造，这在很大程度上开启了教育解放和社会公平研究的新图景，这也是人们常常将他和美国的批判教育学家迈克尔·阿普尔、巴西的保罗·弗莱雷相提并论的原因。"[①] 在这个研究的基础上，扬出版了他的第二本著作《未来的课程》，对传统的保守主义的课程观进行了评判，进一步阐述了他的课程与知识的理论。然而，随着他自己在南非的教育实践与观察，特别是结合英国和欧洲其他国家教育改革与发展的现实，他逐渐认识到建构主义的不足与潜在的危险。于是，在21世纪初扬又出版了《把知识带回来——教育社会学从社会建构主义到社会实在论的转向》一书，针对社会建构主义理论在教育实践中出现的问题，包括现象学主义、相对主义与霸权主义现象，进行了深刻的反省和自我批判，又一次引领我们走出了社会建构主义的藩篱，开辟了教育及课程领域中社会实在论的新视野。正如巴斯大学教育与政治经济学教授休·劳德在本书序言中所说的那样："自从1971年《知识与控制：教育社会学新探》一书出版以来，迈克尔·扬就在教育社会学领域内的争论中扮演着主要角色。他的文章，不论是理论性的还是应用性的，都跨越了认识论与社会理论的边界。"[②] 而《把知识带回来——教育社会学从社会建构主义到社会实在论的转向》则是这种前沿性和引领性的又一次体现。无疑，作为一位建构主义的倡导者本身，这种思想的转变，对建构主义的利弊进行分析，当然

---

① 扬，张建珍，许甜. 从"有权者的知识"到"强有力的知识"：麦克·扬与张建珍、许甜关于课程知识观转型的对话 [J]. 华东师范大学学报（教育科学版），2017（2）：99-105.

② 扬. 把知识带回来：教育社会学从社会建构主义到社会实在论的转向 [M]. 朱旭东，文雯，许甜，等译. 北京：教育科学出版社，2019：序言7.

是非常有说服力的。同样，它也对我们认识网络社会中知识的建构性以及虚拟世界的现实性，具有非常具体的意义。

扬首先是对自己过去极力倡导的社会建构主义理论进行了非常严肃的批判和自我超越。扬在其早期著作《知识与控制：教育社会学新探》一书中，极力倡导社会建构主义理论，提倡对我们所视为理所当然的一切教育中的既定范畴、既定概念进行进一步的深思。他认为，知识并不是既定的（given），而是被社会性、历史性地生产出来的（making）；应该充分肯定知识的社会建构性对教育所具有的意义，看到社会与人们对教育知识的主动创造，以此达到更大程度的教育解放和社会公平。然而，随着认识和研究的深入，特别是通过反思自己在南非和英国的教育实践，他逐渐认识到这种知识和课程的社会建构主义在现实中包含了非常大的"危险"，甚至可能导致"灾难"（迈克尔·扬语）。其实，在《知识与控制：教育社会学新探》一书中文版序言以及《未来的课程》一书的序言中，他已经坦承了这种危险，并且已经在一定程度上对建构主义理论本身所蕴含的相对主义表示了怀疑和警惕，以至于在 21 世纪初出版的《把知识带回来——教育社会学从社会建构主义到社会实在论的转向》中，他对过去所倡导的社会建构主义理论进行了全面的批判、超越和进一步的修正，进而提出了社会实在论。正如休·劳德所评论的那样："他早年被认为是一位相对主义者，视知识及课程为一种权力的体现，而非拥有坚固的知识观基础。他如今变了，他承认知识生产的社会性，但同时认为它也需要独立于社会利益及相关权力运作。"[①]

扬认为，社会建构主义和相对主义的理论蕴含了两个非常致命的危险。首先，它将直接地导致知识的随意性，进而否定知识的客观性基础。这种随意性体现在两个方面。一是现象学的知识观点，即认为生活经验和课程知识

---

① 扬.把知识带回来：教育社会学从社会建构主义到社会实在论的转向 [M].朱旭东，文雯，许甜，等译.北京：教育科学出版社，2019：序言 7.

之间没有明显的界线，暗含着高度情境化的生活经验不需要经过结构化的加工和去情境化过程，便可以随意进入课程和课堂。二是知识化约论，即认为知识可被化约为利益、立场或"知者"（knowers），暗含着所有人/群体的、所有类型的知识的"解放"的可能性。这类理论抓住了至少一部分真实，即知识本身的确具有一定的社会性，与人们的主动建构具有一定的关系。但是，如果过分强调这种建构，或者将知识的社会性夸大到不合理的程度，认为所有的知识都是不同个体和群体的社会建构，其后果将是彻底否定知识本身所具有的客观实在性。显然，如果将知识简单地归结为它的生产情境与利益相关者，无疑是否定了所有的知识和科学。而我们究竟应该教给我们的青少年一代什么东西，将成为一个大疑问，其结果将最终导致取消教育。

其次，这种社会建构理论的相对主义也必然导致一种强势性的知识导向。因为，如果不加限制地放大社会建构主义理论，认为所有知识都是一种社会的建构，进而将教育中的学校知识和课程内容简单地化约为立场、利益和特定群体的某种偏好，那么教育或学校知识体系的确立依据以及课程内容的选择，都必将归结为具体社会环境中那些具有优势地位的社会阶层和利益群体的社会地位和权力。由于他们在社会文化的场域中占据了更加优势的地位，具有更大的话语权，因而也必将在教育和课程内容中赋予其对知识的建构和选择的一种更大的优先性与权威性，同时否定或排斥其他社会群体和阶层的利益和价值。这显然是不公平的，也是不合理的。也正是出于这个考虑，扬提出要"从强势者的知识转变为强有力的知识"（from the knowledge of the powerful to the powerful knowledge）。客观地说，在现实中确实存在话语权大小对决定哪些知识能够作为课程内容的影响，在教育和课程知识的安排和决定中也的确存在不同利益群体的博弈。尽管如此，人类在数千年的文明进化中所创造的知识，特别是传承这些体现人类共同价值和不同民族文化遗产的教育与课程知识，虽然它们也仍会随着人类认识的进步而不断地发展和更新，其中仍然包含了许多客观的成分和永恒的内容。这些都是不以人的意志为转移的,当然也不由某些强势群体的意志所决定。这也是知识和文明的客观价值所在。

不难发现,扬关于建构主义的忧虑和批评,对我们认识网络社会的虚拟世界及其知识现象,是非常有帮助的。显然,网络社会中的虚拟世界正是一种建构的世界和空间,虚拟世界的知识,包括各种各样的分语和表意系统,也都是主观建构的产物。然而,虚拟世界的知识体系仍然具有客观的现实基础。它们的确是虚拟的,但也是真实的,而绝不是虚幻的。虽然它们是对虚拟世界或虚拟现实的认识和反映,但我们无论如何也不能否定这种知识现象的真实性和客观性。而扬的理论观点对自我认同的"破镜重圆"所具有的意义与启示主要表现在以下两个方面。

第一,社会实在论的意义。

扬在批判和超越社会建构主义的内在弊病的同时,也力图解决理性和知识的客观主张与它们不可摆脱的情境性和历史性特点之间的张力,即课程知识的客观性与社会建构性之间的矛盾,进而针对教育社会学和课程理论的发展,提出了"社会实在论的知识观"。换句话说,学校的知识体系和课程内容本身包含一种内在的矛盾和张力。一方面,这种教育知识本身具有不可否定的客观性。否定和无视教育知识与课程内容的这种客观性,将直接导致对教育教学的否定,以及对真理性知识的否定。另一方面,这些知识也的确与人们的社会生产有一定的关系,具有一定的社会性、历史性。看不到知识的这种社会性和人在知识发展中的建构作用,也必将陷入传统的机械实在论的泥沼。这显然是一个矛盾,也是教育学理论特别是教育的知识理论和课程理论必须面对和解决的问题。扬对这种教育知识和课程内容的"客观与社会的二重性"有着十分清楚的认识,并且非常富有智慧和成功地超越了这种知识的二重性,超越传统实在论,提出了社会实在论。他认为,在社会实在论中,所谓的"社会",指的是知识生产过程中的人类能动性,反映的是教育的知识或课程的内容与特定情境的联系;而所谓的"实在",则是强调知识本身的客观性，以及教育知识或课程内容相对于特定社会情境的独立性。而这也就是扬所认为的"至关重要的、课程中知识与常识的不连续性"，或者说，是教育和课程知识与日常经验的不同。对此，扬是这样说的[①]：

- 它（社会实在论）否认知识是既定的，且以某种方式独立于其所处社会和历史情境的保守观点。

- 它假定了一种知识观，认为知识是在特定历史背景下、在一个充满利益竞争和权力斗争的世界中，被社会性地生产和获取的。同时，它认为知识具有"浮现"属性，这种属性使知识超越对特定群体利益的维护。……

- 它否认把知识仅仅看作是社会实践的一种的观点。它把不同知识领域之间以及理论知识和日常知识之间的分化看作教育目的的基础，即使分化的形式和内容并不固定，总是在改变。

这里，扬首先批评了一种传统的实在论的知识理论，他认为，如果简单地承认知识的客观实在性，便"可能很容易从为知识的权威性提供基础，滑向给知识发放独裁主义的证照，并使其失去它宣称的批判性"[②]。同时，他充分肯定了知识与所处社会和历史情境的联系，并且承认知识是在特定历史背景下，通过利益竞争和权力斗争，而社会性地被生产和获得的。但是，他也强调，这样的肯定和承认并不必然导致相对主义。他提醒我们防止知识的"某种形式的化约论的危险"，并且非常明确地指出："持知识化约主义的社会理论有一种肤浅的吸引力，特别是对左派人士。知识被化约为利益、立场或'知者'，暗含着所有类型的解放的可能性。这类理论抓住了至少一部分真实，但社会化约主义太容易使课程相关问题失去具体性并简化为政治问题。摒弃

---

① 扬. 把知识带回来：教育社会学从社会建构主义到社会实在论的转向 [M]. 朱旭东，文雯，许甜，等译. 北京：教育科学出版社，2019：113.
② 同①：4.

教育的具体性也是'新教育社会学'常常掉入的陷阱。"① 因为，即使知识本身具有这种社会性，但它同样具有一种"浮现"的属性，即知识必定是某种内在的客观实在的表现，进而具有一种超越特定群体利益和特定社会情境的客观性。由此，他既避免了传统的机械实在论，也否定了知识的相对主义。正如休·劳德所说的那样，"为此，他提出了社会实在论的知识观：称之为'社会'，因为这一观点认识到了知识生产过程中的人类能动性；称之为'实在'，因为他希望强调知识的情境独立性与常识的不连续性"②。扬指出，社会实在论"这个术语最好被理解为一种对 20 世纪七八十年代的被滥用的教育社会学的方法论和理论的回应。正如我在序言中提到的，当时的'新教育社会学'后来被广泛地理解为强调世界的建构性，以至于否认存在一个将要被建构的'世界'。本书则以另一种视角来看待这种'社会性主义'：即存在一个'真实的'、独立于社会学试图理解的社会的世界。它将实体论范畴从物质世界和社会世界扩展到如下观点：一些知识独立于其产生和起源的特定实践活动而成为知识，并在解释这个独立于我们思维的世界方面拥有一定的实在性"③。而且，为了进一步说明这种社会实在论与社会建构主义的关系，他又指出："社会实在论其实也是一种社会建构主义的形式，只不过它认真对待外部世界的实在性以及作为这个世界一部分的知识的实在性。同时，这种知识又从来都不是固定的或既定的，它只是我们现有的最佳知识；不论多么困难，它总是开放的，时刻接受挑战与改变。"④ 显然，这种观点也超越了传统的实在论，为解决教育领域的知识发展中社会性与客观性之间的张力提供了一个非常适当的思路，既防止了知识的相对主义，又避免了知识的绝对论。它不仅为教育

---

① 扬.把知识带回来：教育社会学从社会建构主义到社会实在论的转向 [M].朱旭东，文雯，许甜，等译.北京：教育科学出版社，2019：4.

② 同①：序言，7-8.

③ 同①：中文版序言，3-4.

④ 同①：中文版序言，4.

镜子的寓意
——网络社会与教育变革

学和学校教育提供了更加广泛的知识基础，同时也为整个人文社会科学的发展，为人文社会科学的科学性和客观性，赋予了新的更加深厚的基础和广阔的空间。

从这种社会实在论的角度，我们可以发现，网络社会中虚拟世界及其相关知识则同样具有社会实在性。如果说虚拟世界及其知识也是一种网络社会的建构，那么我们同样可以像扬那样追问，为什么"没有为分析特定情况下到底什么正在被'建构'——外在于个体行为者的物质世界和社会世界——留下一丁点空间。这种社会学只铭记了马克思的著名论断的前半部分：'人们自己创造自己的历史，但他们并不是随心所欲地创造，并不是在他们自己选定的条件下创造'"①。其实，我们从虚拟世界及其虚拟现实的三个主要特点中也可以非常清楚地看到，无论是沉浸性，还是交互性，都体现了一种现实性。尽管它们的确是一种人们的主观建构，甚至与传统客观实体相比，是一种虚拟的世界和社会，但它们仍然具有一种实在性。而扬正是非常睿智地通过社会实在论的观点，为现代社会中越来越具有主观性、建构性与情境性的各种知识，包括各种颠覆传统经验和反常识的知识现象，提供了一个非常重要的客观性基础，进而使网络空间中的知识具有了某种"浮现"或"超越"的属性（即是某种客观存在的反映，或超越个人主观意志），并且由此获得了客观的根据。他并不否定知识的主观性和建构性，而是希望通过建立一种新的更具包容性的客观性或实在论，将所有这些形态和不同属性的知识现象，包括建构主义的知识观，统统收于麾下。显然，这种观点也超越了传统的实在论，为解决知识发展中社会性与客观性之间的张力提供了一个非常适当的思路。

扬的这种社会实在论的思想观点是非常有价值的，而且具有哲学的本体论意义。如果把教育活动，特别是人的自我认同对一种客观现实基础的需要，

---

① 扬.把知识带回来：教育社会学从社会建构主义到社会实在论的转向[M].朱旭东，文雯，许甜，等译.北京：教育科学出版社，2019：中文版序言，2.

比喻为西方人对上帝以及中国人对"道"的需要那样，那么我甚至愿意进一步认为，扬实际上是在重建一个新的教育学的"上帝"和"道"。英国著名学者 C.S. 路易斯的《人之废》一书的译注者在译序中也曾经认为，当尼采宣称"上帝死了"时，并不是以胜利的口气，相反，他在这样说时带着强烈的痛楚，因为人类最强烈而脆弱的虔诚的信仰失去了恰当的目标。而且，在他看来，海德格尔对此的解读，似乎也可以得出这样的推断。因为，尼采的"上帝死了"一语，虽然说的是基督教之上帝，但是我们千万不要忘记，"在尼采思想中'上帝'和'基督教上帝'这两个名称根本上是被用来表示超感性世界的。上帝乃是表示理念和理想领域的名称"。这一超感性世界，包括柏拉图的理式，亦应包括中国古人念兹在兹的天道。① 所以，扬关于社会实在论的研究和观点，从理论上重新赋予了教育活动以客观基础，为现代社会网络空间中某些新形态的知识现象提供了必要的合法性，有助于人们拓展客观性概念的内涵与外延，建立起现实空间的知识与网络空间的知识之间的连续性，由此也能够有助于人们建立起网络社会的知识秩序，对人们的自我认同提供更具有内在一致性和统一性的对象化机制。因为，无论是知识本身的秩序，还是个体的自我认同，其重要条件与基础就是它们的客观性。所以，网络社会的虚拟世界同样是一面人们实现自我认同的现实"镜子"，人们同样可以信任其中的自己，寻求"我是谁"的答案。当然，这种自我认同的"新镜子"要求教育本身的改革，包括教育知识与课程体系以及教育教学方法与评价的改革。

第二，强有力的知识。

扬关于"强有力的知识"以及对于不同知识的分类的思想，对于我们建立客观世界的知识与虚拟世界的知识之间的连续性也是非常有意义的。强调客观世界的知识与虚拟世界的知识的现实性，并不否认它们之间的差异性。正

---

① 路易斯.人之废 [M].邓军海，译注.上海：华东师范大学出版社，2015：8-9.

如前面所分析的那样，两者之间是非常不同的。所以，网络社会中自我认同的
"破镜重圆"，不仅需要认识和确认虚拟世界及其知识的现实性，而且还需要
说明虚拟世界的知识与客观世界的知识之间的关系及其连续性。

　　值得特别注意的是，扬在《把知识带回来——教育社会学从社会建构主
义到社会实在论的转向》一书中十分敏锐地指出了教育和学校课程知识与日
常经验和常识知识的不同。他十分明确地指出，课程知识与日常知识之间的
区分是教育和课程的基础。因为，如果否认了这种差异，实际上也就否认了
学校教育和课程的必要性和合理性。因此，必须建立学校教育的强有力的知
识体系。在他看来，这种强有力的知识是那些在特定历史／社会情境中的共识
性产品，位于专门化社群（学科）中，并且是具有开放性、可质疑性与可发展
性的知识；它们具有概念进步与学科本位的结构与组织特征；其目的是为了知
识发展和进步；在保存并延续知识的同时，产生新的知识，进而能够促进真
理与真正的社会公平，保证教育机会的公平；而且，这种知识的哲学基础是
可靠的，是以这个世界上存在最好的知识假设为基础的。[①] 根据有关专家的研
究，这种强有力的知识具有三个非常基本的特点："（1）它是理论性的学术知
识，与我们从每天的经验中获得的常识知识不同；（2）它是体系化的，是通
过概念在'学科'或'科目'的形式下彼此系统关联的；（3）它是专门化的，
是由明显有区别的学科／科目团体以定义清晰的探究焦点，在相对固定的边界
内发展出来的。"[②] 实际上，扬关于"强有力的知识"的思想并不完全是他的
独创，而是继承了涂尔干、维果斯基以及伯恩斯坦等学者的理论传统和观点，
但他在建构主义盛行的时代背景中进一步强调这种与常识不同的"强有力的
知识"，认为学校应该教授这种"强有力的知识"，则是非常有意义的，体现
了一种理论的勇气与思想的清醒。扬认为，建构主义的一个十分致命的问题

---

　　① 扬，张建珍，许甜. 从"有权者的知识"到"强有力的知识"：麦克·扬与张建珍、许
甜关于课程知识观转型的对话 [J]. 华东师范大学学报（教育科学版），2017（2）：101.

　　② 同①：104.

就是"否认了知识的超越属性",它们"不能识别某些形式的知识比其他知识'更好'",以至于"最应关注不同课程提供的知识问题的教育学科,却如我最近所说,'失去了其对象'——即我们希望学校提供给所有学生的知识究竟是什么"。① 在他看来,"教学与所有其他专业活动一样,是一种'知识密集型实践';不是每个人都可以从事教学。教师如同医生一样,也应基于其所掌握的专家知识而天然具有凌驾于学生的权威性以及对家长提出建议的权威性地位"②。这些观点在网络社会中知识泛滥以及学校教育和教师地位受到质疑的环境中,对于如何进一步突出学校知识的独特价值,提高教师的学术地位,真正促进教育的公平,具有重要的实践意义,也是进一步提升学校教育价值与地位的理论力量。

扬强调"强有力的知识"以及关于学校知识与日常生活知识之间区分的观点,也许会有各种不同的看法和评价,这是非常正常的。但我思考的却是学校教育的知识体系又应该如何对待虚拟世界的知识体系,或者说网络社会中虚拟世界的某些知识能不能成为这种"强有力的知识"呢?网络社会中各种各样的"分人"与"分语"能否被学校教育体系所接纳呢?视而不见显然是犬儒主义的态度,完全排斥则也是一种"九斤老太"的陈腐。如果说扬针对的是以日常生活的经验或所谓情境化的知识取代学校知识与课程知识的现象,强调的是学校知识与日常知识的非连续性,而我希望建立的却是学校知识与虚拟世界的知识的连续性,强调的是学校或课程中的"强有力的知识"能够通过什么样的机制与途径,将网络社会或网络空间中的各种知识纳入正规教育的课程体系中,使其逐渐成为一种"强有力的知识",这也就是自我认同的现实镜子与虚拟镜子的协调与"破镜重圆"。如果说扬认为学校知识应该是"强有力的知识",我们应该教给学生这些"强有力的知识",那么随

---

① 扬 . 把知识带回来:教育社会学从社会建构主义到社会实在论的转向 [M]. 朱旭东,文雯,许甜,等译 . 北京:教育科学出版社,2019:中文版序言,2–3.

② 同①:中文版序言,3.

镜子的寓意
——网络社会与教育变革

着网络社会中虚拟世界的发展，特别是人工智能的发展，难道我们能够断言虚拟世界或虚拟社会中的知识就不是"强有力的知识"吗？塞缪尔·巴特勒在《机器中的达尔文》中曾经认为：结果只是时间的问题，但那一刻终将会到来。机器将在世界上拥有真正的霸权，而它的臣民是谁，对此，具有真正的哲学头脑的人不会产生一刻的质疑[①]。难道这个时代的计算机或者网络的语言不会成为"强有力的知识"吗！以色列历史学家尤瓦尔·赫拉利在《人类简史》的最后，对人类未来表示了极大的担忧，他近几年的主要研究也集中于此。2016 年 4 月 23 日在北京进行的演讲中，他提出了一个非常具有震撼性的说法：人类将失去其在世界的主导地位，数据将取代以往的宗教成为人们的最新信仰，人类未来将成为 Cyborg（神经控制装置 Cybernetic device 与有机体 organism 的混写，即半机器人）。他对《南方周末》记者说："以今天科技的发展速度，可能最多一两个世纪后，那一天就会来到。""正如所有重大的变化一样，它同时具有变好与变坏的潜力。我们应该意识到此刻发生的事情，尽力将这种发展引领到好的方向上去。"[②] 虽然赫拉利的话只是一种预言，但他提出的告诫却不能不引起我们的注意。信息技术和虚拟世界"变好"的潜力究竟是什么？人类如何引领信息技术朝好的方向发展？我们的教育又应该为这些变好的潜力以及好的发展方向做些什么？毫不讳言地说，现在的儿童和青少年学生已经是虚拟世界的原住民了，他们非常熟悉这些网络语言和符号，甚至是非常喜欢这些交流和表达的方式，并且应用虚拟世界的这些语言和符号去定义世界和社会，由此在其中认识他们自己，以至于嗤笑成年人的无知。我们的学校教育不可能也无法去阻隔他们的这种偏好，可我们的学校教育又能够如何去引导这种趋势朝好的方向发展呢？而这正是"破镜重圆"

---

① 奥恩.教育的未来：人工智能时代的教育变革 [M].李海燕，王秦辉，译.北京：机械工业出版社，2019：3.

② 高美.《人类简史》作者谈人类命运："虚构的故事"和"史上最大骗局" [EB/OL].(2016-04-28)[2019-08-23]. http://www.infzm.com/contents/116764.

的价值与含义。

3. "破镜重圆"的艰难

　　信息技术的进步以及虚拟世界中知识的发展当然具有"变好"的可能性。学校教育也能够通过改革而成为儿童和青少年学生在虚拟世界和网络空间中的引路人。而这种"变好"的实现途径之一，就是在社会实在论的基础上，将虚拟世界中的"分人"与"分语"以及其中的表意系统，通过科学的选择和历史的淘汰，建设成为"强有力的知识"的一部分，纳入教育尤其是学校课程的知识体系，进而更好地帮助和引导学生适应网络社会和虚拟世界，使其成为网络社会和虚拟世界的主人。这是网络社会中教育变革的重要任务，也是扬的社会实在论与"强有力的知识"的理论和现实价值之一。如果说，扬的社会实在论为虚拟世界的知识体系提供了某种新的客观的现实基础，那么他关于"强有力的知识"的理论与思想方法、标准和特点，则为我们认识、规范与建立虚拟世界或网络空间中知识体系的秩序，探索虚拟世界表意系统的逻辑，构建现实世界与虚拟世界的连续性，提供了某些非常有启发性的思路。然而，实事求是地说，网络社会中的这一教育变革是一次前所未有的挑战，"破镜重圆"也并非是一件容易的事情。因为，想要把虚拟世界的某些知识打造成为"强有力的知识"，要想把虚拟空间中的语言与现实客观社会中的语言协调起来，也并非易事，因为正如英国学者戴维·克里斯特尔所说的那样，"因特网这一电子媒体从一开始就给予我们一条以一种完全不同于其他符号系统的方法促进而又制约了我们的通讯能力的通道。许多存在口头语言和书面语言中的语言预期和实践方式将不复存在。"① 简单地说，这种协调至少有三个方面的难处。

---

　　① 克里斯特尔.语言与因特网 [M].郭贵春，刘全明，译.上海：上海科技教育出版社，2006：3-4.

镜子的寓意
——网络社会与教育变革

第一，虚拟世界的知识和语言是一种小众化的知识与语言，它往往与特定的社会群体相关，甚至具有非常明显的边界，因而很难满足"强有力知识"所要求的基本条件，也难以形成教育特别是学校课程知识所需要的普遍性。这种小众化主要表现在两个方面。一是小群体的知识，即这种虚拟世界或者网络空间中的知识，包括各种词汇、语言、概念与表意符号等，常常局限于某些特定的小群体。例如，有人认为，某某网站的用户可能更多地集中在三线或四线的城市，而某某网站的用户则更多地集中在另外一类城市里。为此，克里斯特尔在谈到因特网的归属感时，也引用另一位学者的话说道，"使用这种新语言的是许多一开始喜欢将人与人之间的联系维持在一个很小的范围之内的人"[①]。从某种意义上说，虚拟世界中的这些知识，常常类似于某种方言，能够在某个特定的群体中形成一种共识与默契，甚至成为某种特定群体的社会性定义。二是具有一种代际差异。它们特别受到年轻人的青睐，在现实中我们也可以发现，这种网络语言和社会文化的发展与青年文化具有十分密切的关系，我们可以认为，它本身就是一种青年文化的产物。由于青年人对网络本身具有一种难以割舍的喜爱，特别是网络为青年文化的发展提供了一种更加开放和平等的空间，所以网络语言往往特别受到青年人的青睐，并且在青少年群体中得到非常广泛和迅速的传播，成为青年人生存方式的一种独特的象征与符号。需要指出的是，目前网络空间所谓的"梗"文化就是一种非常典型的亚文化的形态，反映了一种小众文化的特点，特别是在所谓的 ACG [Animation（动画）、Comic（漫画）与 Game（游戏）的缩写] 群体中。因此，虚拟世界中知识的这类特点使得它们很难真正获得普遍性的属性，进而成为"强有力的知识"以及教育特别是学校教育中的课程资源。因为，关于虚拟世界中这些知识的价值与意义，整个社会和不同背景的社会群体很难形成较高

---

① 克里斯特尔.语言与因特网 [M].郭贵春，刘全明，译.上海：上海科技教育出版社，2006：39.

程度的共识，即使在互联网已经非常发达的今天，关于网络语言的评价，仍然是仁者见仁、智者见智。而这些知识的鉴别与选择则直接关系网络社会中的教育公平与社会公平，因而也很难成为"强有力的知识"。殊不知，知识的共识性是教育资源建设特别是课程资源建设的基本条件；它也是促进教育公平和社会公平、减少或者弥合网络社会或虚拟世界中的数字鸿沟的基础。

第二，虚拟世界的知识和语言通常都具有一种时效短的特点，并且呈现出非常不稳定的现象，包括在内容与形式方面，它们总是在不停地变化。某些曾经是盛极一时的话语或者文化现象，后来也逐渐走下了巅峰，甚至成为过时的东西。网络空间中常常是"遍地英雄下夕烟""到处插满大王旗"。而许多所谓的"新"，往往也都是白驹过隙，转眼即逝。更麻烦的是，这些变化中常常找不到什么一定的规律。新的流行的网络语言，常常也是"各领风骚数百日"，很难真正积淀下来，得到社会的广泛接受。目前非常流行的网络词汇"梗"，则非常典型与形象地表达了这种时效短的特点。这里所谓的"梗"，据说是相声术语"哏"的讹传，而比较常见的意思则是动画、电视剧里喜闻乐见的桥段所成为的典故。实事求是地说，"梗"在年轻人尤其是年轻的网民中，是非常时尚的，也存在一定的影响。而且它们在一定程度上成为虚拟世界中某些知识的客观基础。但是，现实社会中某种具体的"梗"也往往是非常"短命"的。过去，有些敏锐的生意人常常抓住这种"梗"的时尚风，通过各种方式，借此推销自己的商品，据说效益还不错，有些人可能还借此大赚了一笔。然而，"梗"的消失就和生成一样快，延续热度却变得更难。在新"梗"层出不穷、网络扩散速度进一步加快的情况下，网民消费"梗"的速度快得惊人。有些借此做生意的人也感叹道，"梗"的保质期越来越短了。从大量流行网站的信息中可以非常清楚地看到，新的"梗"可谓是层出不穷，此起彼伏，热闹非凡。更加重要的是，"梗"的变化好像并不存在比较稳定的规律和特点，充满了随机性。

"梗"及其衍生物的时效性较短，且缺乏比较稳定的规律，这给虚拟世界的知识带来了一个非常大的麻烦，即很难对它们进行规范化和必要的整理，进而找到其中发展变化的规律，并且由此指导人们认识、应用和推广这些知识。这种短时效性实际上反映了虚拟世界的知识本身是一种"长不大"的知识，甚至是一种"短命"的知识，而这样的知识很难成长为"强有力的知识"，从而真正成为重要的教育和课程资源。

第三，虚拟世界的知识和语言是一种弱语法的知识和语言。它们在整体上往往呈现出一种碎片化的现象，不仅在形式上呈现出非常散乱的现象，而且其词义常常是非常模糊的，可能是多义的，甚至是歧义的。

自不待言，语法是"强有力的知识"的基本条件与重要基础，是科学知识的基本要求。缺乏合理与适宜性的语法，则很难真正成为有效的课程知识。坦率地说，目前虚拟世界中的知识，包括各种各样的词汇、语言、概念和表意符号等，在总体上是非常零乱的、碎片化的，甚至是山头林立，而且彼此相互矛盾，变化无常，简直就是一个虚拟的"万花筒"。例如，从"梗"的名称来看，就有"身高梗""经典梗""撞脸梗""言情梗""创意梗""幽默梗"等。我不能随意地否定"梗"的意义与价值，它至少也是反映虚拟世界中各种词汇、语言、概念和表意符号等与现实社会之间相互联系的一种形式，是我们梳理虚拟世界知识的语法与逻辑的一条线索。目前也有人正在研究网络语言，包括网络语言传播的多元理论和进化、网络语言的"模仿"与"复制"，等等。克里斯特尔在《语言与因特网》一书中，也运用不同的语言学理论研究了网络语言的语言学特征，提出了"Netspeak"一词[①]。但实事求是地说，如果说虚拟世界中的知识，包括词汇、语言、概念和表意符号也有某种规则和所谓的语法，至少大多数人是不明白的，至少也是懵懵懂懂的。它们更多的只是一种所谓的弱语法，在某些方面甚至出现不符合形式逻辑的现象。

虚拟世界中的知识和语言之所以是一种弱语法，关键就在于它缺乏语法

---

① 克里斯特尔.语言与因特网 [M].郭贵春，刘全明，译.上海：上海科技教育出版社，2006：17-18.

规则的统一性，包括逻辑性与规范性，由此也直接或者间接地影响人们彼此的交流，使人们的交流和互动缺乏具有可信度的预期，乃至于影响了社会交往的秩序和文化的稳定。这种弱语法的特点首先是它本身也存在着非常大的差异和多样性。值得指出的是，这种多样性并不单纯是一种形式的多样性，它实际上反映了一种语法生成逻辑的新机制。换句话说，这里恐怕很难概括出某种统一的逻辑，也很难发现其中的某种规律性。因为，这里的语法常常是约定俗成的，而且每一个人都可以创造出属于他自己的"分语"及其语法，而并没有所谓统一的语法逻辑。在虚拟空间的交往中，不同"分语"之间的沟通并不是依靠语法的统一性，而是通过不同"分语"之间的相互尊重与宽容，以及彼此之间的时空分割而实现的。所谓"我的地盘我做主"就是它们的逻辑。其次，这种弱语法往往是非常不稳定的，很可能随着某种新的文化和社会现象，而产生新的表述方式，稍不留神，就会被淘汰出局。所以，人们甚至认为，这种弱语法根本不是什么语法，而虚拟世界中的知识可以说是没有逻辑的知识，因而也是比较混乱的。但是，我仍然觉得它们还是有语法的，只是我们还没有认识和发现它们的规律而已。我甚至愿意相信，这种虚拟世界中知识的弱语法现象，可能还正孕育着传统语法发展创新的一种可能性。但应该承认，目前虚拟世界中知识的这种弱语法也正是虚拟世界的知识与客观世界的知识之间的非连续性与鸿沟。由此，它们很难真正成为教育特别是学校教育与课程知识的重要资源。

实事求是地说，虚拟世界中的知识和语言的这种小众化、时效短以及弱语法等特征，使它们很难成为教育和学校课程所需要的"强有力的知识"，也使得网络社会中自我认同的这面"镜子"出现支离破碎的裂痕，以至于人们在其中看不清和说不清自己的形象，也造成了学校教育与社会的断裂与非连续性。当然，描述和分析虚拟世界的知识的这些弱点，以及它们与客观世界的知识之间的非连续性，并不是要否定这些知识的价值和意义。从社会实在论的观点分析，它们是现实的，也是不能否定的。问题只是如何去研究和

镜子的寓意
——网络社会与教育变革

发现它们的规律与价值，进而建立起它们与客观世界的知识的连续性，使之成为教育与学校课程知识的重要组成部分，由此为人们实现自我认同、回答"我是谁"的人生关切重新打造一面更加完美的镜子，让人们能够在其中看到自己，认识自己的个性特征，发现自己灵魂的核心。这正是网络社会对教育最根本性的挑战，是网络社会中教育变革的重要任务，也是网络社会中教育改革与发展的一次历史性机遇，当然，这也是网络社会中教育工作者所面临的一个难题。但是，我们谁也不能简单地断言它们之间就一定是非连续的。而且，随着信息技术的发展，特别是5G技术的发展对延时性的改善，过去网络语言与现实语言之间的非连续性的现象，也正在发生着实质性的变化。克里斯特尔曾经描述的网络语言与面对面交谈之间的差别，包括即时反馈的缺乏、活动的延时性问题、反馈及其顺序的问题，以及面部表情、手势与身体姿势的表达等，已经或者正在走向趋同。为此，克里斯特尔也非常明确地表示，"网络语言这一概念已经开始演化，正迅速成为流行语言意识的一部分，并引起强烈的语言态度"①。

值得欣慰的一个新现象是，在近年来某些中学和大学毕业典礼上校长或院长的致辞中，网络语言和句法的应用已经成为一种新的时尚。它们与学校的官方语言和传统表达方式一起，构成了学校各种仪式活动中师生共同分享和相互融合的一种文化。其实，即使在某些中小学和大学的课堂里以及在师生的网络交往中，各种新的、时尚的网络语言也逐渐登上了"大雅之堂"，并且得到了儿童和青少年学生的青睐和认可。我相信，这或许正是网络社会"破镜重圆"的一个好兆头。

---

① 克里斯特尔.语言与因特网 [M].郭贵春，刘全明，译.上海：上海科技教育出版社，2006：15.

结语
破镜一定能够重圆

尽管眼下虚拟世界中的知识仍然呈现出这样那样的问题与弱点，好像还只是一堆乱七八糟的大杂烩，但是请诸位相信，它们一定是有内在规律的，也是有生命力的。不管是什么样的"分人"，他们仍然是人；无论是什么样的"分语"，它们也同样是我们的表意系统。这是有历史根据的。正如美国东北大学前校长约瑟夫·E. 奥恩所说的那样："考虑到人类书写的最初起源是作为一种记录手段开始的，这也说得过去。字母和数字都是由符号代表言语来表达，这样，我们就可以保存它们并传播给其他人。这种通过展示一些抽象符号就可以把思想传递给他人的能力是人类最强大的工具之一。而且，就像一本好书或者一个金融报表可以让人迷失一样，很显然这就是虚拟现实的雏形。"[①] 如果说我们目前的各种语言文字，包括不同的符号等，相对于多年前的现实也是一种虚拟世界的知识，如果说当年的简化字相对于多年来人们已经习惯的繁体字，当年的白话文相对于文坛已经认可的文言文，也都能够和谐相处，相得益彰，甚至中文与外文也都能够和平共处，我们又有什么理由怀

---

① 奥恩.教育的未来：人工智能时代的教育变革 [M].李海燕，王秦辉，译.北京：机械工业出版社，2019：70.

镜子的寓意
——网络社会与教育变革

疑网络社会中虚拟世界的知识不能与客观世界的知识融会贯通呢？我也充分相信，随着网络社会的发展、科技的进步、教育的改革以及我们的深入研究，虚拟世界中的这些知识通过历史的筛选和检验，也一定能够成为"强有力的知识"，人们自我认同的"镜子"一定能够"破镜重圆"。

参 考 文 献

FEIBEL W. Novell 网络百科全书 [M]. 朱克勤，等译. 北京：电子工业出版社，1996.

SHAFFER D R, KIPP K. 发展心理学：儿童与青少年：第八版 [M]. 邹泓，等译. 北京：中国轻工业出版社，2009.

奥恩. 教育的未来：人工智能时代的教育变革 [M]. 李海燕，王秦辉，译. 北京：机械工业出版社，2019.

巴考. 哈佛新校长劳伦斯·巴考就职演讲 [EB/OL].（2018-11-04）[2020-03-01]. https：//zhuanlan.zhihu.com/p/48505287.

程继隆. 社会学大辞典 [M]. 北京：中国人事出版社，1995.

戴锦华，王炎. 大众的解体与分众的浮现：网络时代的人文学（上）[N]. 中华读书报，2018-08-29（17）.

邓伟志. 社会学辞典 [M]. 上海：上海辞书出版社，2009.

方之昊. 虚拟现实的应用现状 [J]. 电子世界，2018（19）：45-46.

房德里耶斯. 语言 [M]. 岑麒祥，叶蜚声，译. 北京：商务印书馆，2012.

高更生，谭德姿，王立廷. 现代汉语知识大词典 [M]. 济南：山东教育出版社，1992.

高美.《人类简史》作者谈人类命运："虚构的故事"和"史上最大骗

局"[EB/OL].（2016-04-28）[2019-08-23].http：//www.infzm.com/contents/116764.

高文，徐斌艳，吴刚．建构主义教育研究[M]．北京：教育科学出版社，2008.

葛洪．抱朴子[M]．上海：上海古籍出版社，1990.

侯大银．3D虚拟社区寻找"第二人生"[J]．互联网周刊，2010（14）：46-48.

侯一波．新形势下中小学师生关系存在的问题及对策——以江苏省淮安市为例[J]．中国教育学刊，2013（S3）：39-40.

吉布森．神经漫游者[M]．Denovo，译．南京：江苏文艺出版社，2013.

吉登斯．现代性与自我认同：现代晚期的自我与社会[M]．赵旭东，方文，译．北京：生活·读书·新知三联书店，1998.

贾未舟．语言何以是存在的家？[J]．长白学刊，2000（4）：35-37.

姜瑞云．从文言文到白话文：评新文化运动中文学革命的得失[J]．语文建设，2015（8）：14.

卡斯特．网络社会的崛起[M]．夏铸九，王志弘，等译．北京：社会科学文献出版社，2001.

克里斯特尔．语言与因特网[M]．郭贵春，刘全明，译．上海：上海科技教育出版社，2006.

库利．人类本性与社会秩序[M]．包凡一，王湲，译．北京：华夏出版社，2015.

李弘祺．学以为己：传统中国的教育[M]．香港：香港中文大学出版社，2012.

李慧敏．社会转型时期的自我认同与教育：以吉登斯自我认同理论为视角[M]．北京：高等教育出版社，2005.

李良志．虚拟现实技术及其应用探究[J]．中国科技纵横，2019（3）：30-31.

李培根．未来工程教育的几个重要视点 [J]．高等工程教育研究，2019（2）：1-6.

梁漱溟．朝话 [M]．上海：上海人民出版社，2017.

廖斯羽．虚拟现实技术的特点及应用 [J]．科技传播，2018，10（21）：127-128，135.

刘继兴．胡适与黄侃"斗法" [J]．文史博览，2009（3）：70.

刘靖文．汉字简繁之争的由来及评析 [J]．安庆师范学院学报（社会科学版），2009（10）：107-111.

刘歆．西京杂记 [M]．北京：中国书店，2019.

路易斯．人之废 [M]．邓军海，译注．上海：华东师范大学出版社，2015.

罗玉明．20世纪30年代文言白话之争及其影响 [J]．安徽史学，2004（5）：75-79.

吕达，刘立德，邹海燕．杜威教育文集：第1卷 [M]．北京：人民教育出版社，2008.

吕达，刘立德，邹海燕．杜威教育文集：第2卷 [M]．北京：人民教育出版社，2008.

吕达，刘立德，邹海燕．杜威教育文集：第5卷 [M]．北京：人民教育出版社，2008.

梅贻琦．大学一解 [J]．清华学报，1941，13（1）：1-12.

彭杰．中小学师生关系扭曲变异的现实透视与理性诉求 [J]．教师教育学报，2015，2（4）：41-50.

彭泽润．"正体字、副体字"和"简体字、繁体字"——从"识正书简"和"识繁写简"看汉字规范 [J]．北华大学学报（社会科学版），2009，10（5）：61-63.

骈宇骞，王铁柱．语言文字词典 [M]．北京：学苑出版社，1999.

舒晋瑜．平野启一郎：网络时代的"分人"和资本主义持续动荡时期的

忧郁 [N]. 中华读书报，2017-09-13（18）.

斯宾塞. 斯宾塞教育论著选 [M]. 胡毅，王承绪，译. 北京：人民教育出版社，2005.

苏建明，张续红，胡庆夕. 展望虚拟现实技术 [J]. 计算机仿真，2004，21（1）：18-21.

苏辙. 道德真经注 [M]. 上海：华东师范大学出版社，2010.

唐作藩. 中国语言文字学大辞典 [M]. 北京：中国大百科全书出版社，2007.

王立国，窦艳辉. MOOC 起源及快速发展 [J]. 软件导刊（教育技术），2014（7）：57-60.

王铭玉. 语言符号学 [M]. 北京：北京大学出版社，2015.

王仁裕，等. 开元天宝遗事（外七种）[M]. 上海：上海古籍出版社，2012.

伍尔福克. 伍尔福克教育心理学 [M]. 伍新春，赖丹凤，季娇，译. 北京：中国人民大学出版社，2012.

夏文辉.“后真相”：牛津词典 2016 年度词为啥是它？[EB/OL].（2016-11-18）[2019-12-30].http：//www.xinhuanet.com/world/2016-11/18/c_129368227.htm.

谢金良. 关于繁体字与简体字的若干思考 [J]. 闽江学院学报，2009，30（4）：45-49.

熊十力. 十力语要 [M]. 长沙：岳麓书社，2011：59.

扬. 把知识带回来：教育社会学从社会建构主义到社会实在论的转向 [M]. 朱旭东，文雯，许甜，等译. 北京：教育科学出版社，2019.

扬. 知识与控制：教育社会学新探 [M]. 谢维和，朱旭东，译. 上海：华东师范大学出版社，2002.

扬，张建珍，许甜. 从“有权者的知识”到“强有力的知识”：麦克·扬与张建珍、许甜关于课程知识观转型的对话 [J]. 华东师范大学学报（教育科学版），2017（2）：99-105.

杨斌 . 如果我当教师 [M]. 北京：教育科学出版社，2012.

伊索 . 伊索寓言 [M]. 马嘉恺，译，昆明：云南人民出版社，2015.

殷兴利，叶进 . 网络社会学词典 [M]. 兰州：甘肃人民出版社，2010.

语言学名词审定委员会 . 语言学名词 2011[M]. 北京：商务印书馆，2011.

张红霞 . 建构主义对科学教育理论的贡献与局限 [J]. 教育研究，2003（7）：79-84.

张善文 . 古典文献研究与繁简字的思考 [J]. 闽江学院学报，2009，30（3）：68-69.

张莹瑞，佐斌 . 社会认同理论及其发展 [J]. 心理科学进展，2006，14（3）：475-480.

赵建华 . 知识建构的原理与方法 [J]. 电化教育研究，2007（5）：9-15，29.

中华职业教育社 . 黄炎培教育文集：第 2 卷 [M]. 北京：中国文史出版社，1994.

钟文 . 撬起世界的最佳支点 [J]. 中国人才，2011（8）：1.

钟志贤 . 知识建构、学习共同体与互动概念的理解 [J]. 电化教育研究，2005（11）：20-25.

COLLINS J W, O' BREIN N P. The Greenwood Dictionary of Education[M]. London：Greenwood Press，2003.

MCCULLOCH G, CROOK D. The Routledge International Encyclopedia of Education[M]. London：Routledge，2008.

WALLANCE S. Oxford Dictionary of Education[M]. Oxford：Oxford University Press，2008.

出 版 人　李　东
责任编辑　刘明堂
版式设计　郝晓红
责任校对　马明辉
责任印制　叶小峰

图书在版编目（CIP）数据

镜子的寓意：网络社会与教育变革/谢维和著
. —北京：教育科学出版社，2020.12（2023.1 重印）
ISBN 978-7-5191-2412-0

Ⅰ . ① 镜… 　Ⅱ . ① 谢… 　Ⅲ . ① 互联网络—影响—教育
—研究 　Ⅳ . ① G4

中国版本图书馆 CIP 数据核字（2020）第 249573 号

镜子的寓意——网络社会与教育变革
JINGZI DE YUYI——WANGLUO SHEHUI YU JIAOYU BIANGE

出版发行	教育科学出版社			
社　　址	北京·朝阳区安慧北里安园甲 9 号	邮　编	100101
总编室电话	010-64981290	编辑部电话	010-64981167
出版部电话	010-64989487	市场部电话	010-64989009
传　　真	010-64891796	网　址	http://www.esph.com.cn
经　　销	各地新华书店		
制　　作	北京浪波湾图文设计有限公司		
印　　刷	保定市中画美凯印刷有限公司		
开　　本	720 毫米 × 1020 毫米　1/16	版　次	2020 年 12 月第 1 版
印　　张	8.75	印　次	2023 年 1 月第 6 次印刷
字　　数	115 千	定　价	32.00 元